LEBENDIGE SOZIOLOGIE

Schriften und Texte zur Einführung in das Studium der modernen Gesellschaft und der Gesellschaftslehre. Herausgegeben von Werner Ziegenfuß

Daß im Menschen selbst die Ursprünge und Folgen der modernen gesellschaftlichen Problematik einander begegnen, dürfte eine der wenigen Einsichten sein, in denen alle Richtungen der wissenschaftlichen Erforschung und der praktischen und politischen Gestaltung des gesellschaftlichen Daseins übereinstimmen. Es liegt daher nahe, von der menschlichen Persönlichkeit aus den Weg zum Verständnis der Gesellschaft und zum Studium der Gesellschaftswissenschaft zu suchen. Für ein solches Bemühen will die Schriftenreihe „Lebendige Soziologie" eine Hilfe bieten. Sie wird in den Darstellungen, die sie umfaßt, gleichmäßig und durchgehend folgende Gesichtspunkte zur Geltung bringen. Es wird ausgegangen von den geistigen Persönlichkeiten, soweit diese zu allen Zeiten und überall der schöpferische Ursprung der bewußten Formung des gesellschaftlichen Daseins und der Träger der sozialen Umgestaltung sind. Der denkende und planende, reformierende und revolutionäre Gestalter und Deuter der gesellschaftlichen Welt bietet wenn auch keineswegs den einzigen, so doch einen besonders wesentlichen Ansatzpunkt für das wissenschaftliche Erfassen und Verstehen der gesellschaftlichen Existenz von ihrer lebendigen sinnvollen Innerlichkeit her. Dabei zeigt sich insbesondere die Bedeutung der gedanklichen Konzeption des Wesens der Gesellschaft und der über den jeweiligen Stand der geschichtlichen Wirklichkeit hinausgreifenden Erkenntnisse für die moderne Wirklichkeit.

Die Soziologie als Lehre vom Wesen der Gesellschaft, von ihren besonderen Formen und von den Bedingungen ihres geschichtlichen Wandels wird im Ganzen der Wissenschaft und im Zusammenhang mit der Praxis bis in aktuelle Fragen des Verstehens der Kultur und der politischen Kämpfe hinein dadurch verständlich und fruchtbar gemacht, daß sie von den repräsentativen Persönlichkeiten der gesellschaftlichen Gestaltung auf allen kulturellen Gebieten aus und im Hinblick auf die von diesen vertretenen sachlich wesentlichen Positionen entwickelt wird. Die besondere Aufgabe der wissenschaftlichen Untersuchung besteht hierbei darin, jenen gedanklichen Kern der einzelnen Lehren und der praktischen Bestrebungen und Leistungen herauszuarbeiten, in dem sich Erkenntnis, Forderung und Tat begegnen und der jeweils einen besonderen Wesenszug der gesellschaftlichen Existenz zum Bewußtsein bringt.

Fortsetzung III. Umschlagseite

WERNER ZIEGENFUSS

DIE GENOSSENSCHAFTEN

BERLIN 1948

WALTER DE GRUYTER & CO.

vormals G. J. Göschen'sche Verlagshandlung — J. Guttentag, Verlagsbuchhandlung — Georg Reimer — Karl J. Trübner — Veit & Comp.

Inhalt

Einleitung

Es gehört zum Wesen der „kapitalistischen" Entwicklung des wirtschaftlichen Lebens, daß die eigentlich „sozialen" Bindungen im gesellschaftlichen Dasein immer mehr durch rein sachlich-ökonomisch bedingte Verhältnisse ersetzt werden. Die Beziehungen einer persönlich erlebten und erstrebten Gegenseitigkeit werden durch Machtpositionen verdrängt, die in wachsendem Umfang alles öffentliche und alles kulturelle Leben sich zu unterwerfen trachten. Dabei wird es ganzen Schichten der Gesellschaft unmöglich, ihrer tatsächlichen Leistung entsprechend am gemeinsamen Dasein und Leben mitzuwirken. Die Zahl derer, die mehr Gegenstand der öffentlichen Führung als Träger persönlicher Gestaltung sind, wächst. Formen der wirtschaftlichen Produktion, die nicht im Sinne des Erwerbsstrebens der sich sammelnden Kapitalmacht liegen, geraten abseits, werden abhängig und gehen zuweilen in Not schuldlos zugrunde. Handwerker und kleine Händler, Bauern und wenig bemittelte Haushalte der Verbraucher sind es vor allem, die außerhalb der Erfolg, Fortschritt und Wohlstand bedeutenden Entwicklung des Wirtschaftslebens oft zu bloßen Objekten der Tätigkeit des modernen Wirtschaftsmenschen werden. Die Epoche der wirtschaftlichen Befreiung des einzelnen, des „Liberalismus" also, bringt ihnen in vieler Hinsicht mehr Nachteil als Vorteil. Denn die alten Bindungen hatten nicht nur den Sinn, der individuellen Willkür Grenzen zu setzen, sondern sie schützten auch, indem sie einen Lebens- und Arbeitsraum absteckten und sicherten. Die Vorteile der neuen Freiheit kommen vorwiegend jenen wenigen zugute, die nach ihrem Naturell und Milieu fähig und gewillt sind, sich der neuen Erwerbsmöglichkeiten rücksichtslos zu bedienen. Die anderen spüren von der neuen Freiheit mehr die negative Seite, die Vereinzelung, die sie hilflos macht gegenüber dem kapitalkräftigen Konkurrenten, der allein sich auch die Vorzüge, Vorteile und Hilfen der neu herangebildeten, vorwiegend großbetrieblichen Produktions- und Vertriebsformen zu eigen machen kann. Der „kleine Mann" kann sich daher oft nur schwer und in kümmerlichster Form in seinem überkommenen

Dasein gegenüber den großen Machtpositionen behaupten, die das Kapital entwickelt. Andererseits bleibt aber dieses vereinzelte Dasein ein mehr persönliches und innerlich freies. Es genießt zwar nicht die Vorzüge der modernen Entwicklung, aber es unterliegt auch nicht ihrer Verführung und ihrem Zwang. Seine Gefährdung hält jene menschliche Energie und persönliche Beweglichkeit wach, die in den sozialen Apparaturen der ständig mehr verbeamteten kapitalistischen Wirtschaft immer weiter eingeengt wird. Not und Freiheit sind oft die Chance des eigenwilligen und schaffensfrohen Geistes, der in Sicherheit bietenden Bindungen verkümmert. Sie wecken die persönlichen Energien und mahnen zur Zusammenarbeit angesichts von Nöten, mit denen der einzelne allein nicht fertig werden kann. Sie lassen im Zusammenwirken von persönlichem Lebenswillen und Selbsterhaltungsstreben mit der Einsicht in die Notwendigkeit der Kooperation das moderne Genossenschaftswesen entstehen.

Das Genossenschaftswesen stellt eine eigene Welt dar. Sein menschlicher und ethischer Gehalt unterscheidet es von dem Ethos und der persönlichen Haltung des Erwerbsmenschen der neueren Zeit. Seine gesellschaftliche Struktur bleibt eine soziale Enklave innerhalb der von immer schrofferen Gegensätzen zerrissenen Gesellschaft, die von Klassenkämpfen und Parteiungen aller Art beherrscht wird. Die genossenschaftliche Zielsetzung ist nicht die kapitalistische und die genossenschaftliche Arbeitsweise ist anders als die Methoden, die sich unter dem Druck der Konkurrenz sonst in der Wirtschaft einbürgern. Die Genossenschaften sind, alles in allem, keine individualistischen oder kollektivierten Erwerbsgebilde. Sie sind aber auch keine im engeren Sinn „sozialen" Einrichtungen. Sie wollen nicht nur anderen helfen, ihre gefährdete Existenz sozial zu behaupten, sondern sie sind Organe tatkräftiger Selbsthilfe. Sie sind nicht „gemeinnützig", sondern dienen ihren Gründern, Trägern und Mitgliedern, auch wenn ihre weiteren Wirkungen einem größeren Kreis zugute kommen. Vollends sind die Genossenschaften nicht wohltätig, obgleich auch die christliche Caritas oft mit an ihren Gründungen beteiligt ist und bleibt, denn sie sind so organisiert, daß sie sich wirtschaftlich aus eigener Kraft erhalten und entwickeln können. Endlich sind sie zwar keine kapitalistischen Einrichtungen, aber sie sind auch keine bewußt ausgebildeten Instrumente des Kampfes gegen den Kapitalismus. Sie wollen nicht den Machtpositionen des Kapitals durch eigene Machtentwicklung in denselben Formen des Kampfes entgegentreten, deren der Kapitalismus sich bedient. Sie stehen in ihrer Gesamtheit sowohl außerhalb des Kapitalismus, wie der politischen Bewegung des Proletariats. Erst verhältnismäßig spät entdecken größere Kreise der politischen Arbeiterführer die grundsätzliche Bedeutung des Genossenschaftswesens auch für den Sozialismus.

Diese Eigenart seines gesellschaftlichen und wirtschaftlichen Charakters macht die Stellung des Genossenschaftswesens in der modernen Gesellschaft schwierig. Eben sie aber macht es auch besonders interessant für die Soziologie der Wirtschaft. Während diese sonst oft als nur von technischen und „materiellen" Entwicklungen vorwärtsgetrieben erscheint, beweisen sich im Genossenschaftswesen auch die persönliche Tatkraft und der Wille zur Zusammenarbeit als schöpferische Faktoren im neuzeitlichen Wirtschaftsleben der breiten Massen. Es kommt einer soziologischen Betrachtungsweise besonders zugute, daß der inzwischen zu einer „materiell" bedeutsamen Position herangewachsene genossenschaftliche „Sektor" der Wirtschaft von seinen ersten Anfängen her, die rund zweihundert Jahre zurückliegen, als Idee und Leistung vor allem einzelner Persönlichkeiten in seinen Motiven und Absichten klar vor Augen liegt. Wenn es ein erstrebenswertes Ziel der Soziologie ist, die gesellschaftlichen Erscheinungen in ihrem Wesen und Bestand auch vom Menschen her zu verstehen, dann braucht dies angesichts des Genossenschaftswesens kein bloßes Postulat zu bedeuten, sondern diese Forderung kann erfüllt werden. Die folgende Darstellung will sich, im Unterschied von den sozial-ökonomischen und betriebswirtschaftlichen oder wirtschaftspolitischen Untersuchungen gerade darum bemühen. Wir wollen den Leser in die Soziologie des Genossenschaftswesens als einer eigentümlichen sozialen Gestalt einführen, deren vielleicht am meisten charakteristisches Merkmal darin zu sehen ist, daß sie aller „Versachlichung" des neuzeitlichen gesellschaftlichen und wirtschaftlichen Daseins zum Trotz der menschlichen Kooperation einen freien Wirkungsraum bietet. Dabei wird sich zugleich zeigen, daß es für eine sachliche Erkenntnis auch in der Soziologie der Wirtschaft keines Dogmas bedarf, um die Erscheinungen des wirklichen Lebens zu verstehen.

Nur als Einleitung zu den besonderen Problemen der genossenschaftlichen Wirtschaft betrachten wir zwei Versuche, die in historisch bedeutsamer Weise auf eine genossenschaftliche Organisation hinzielen, ohne sie aber zu erreichen. Der erste zeigt sich in dem Bemühen des Philanthropen und Sozialpolitikers Robert Owen, der das Dasein des Arbeiters und seine beruflichen Möglichkeiten durch Bildungsbemühungen zu bessern und ihn auf dem Wege über Belehrung und Erziehung für die Idee der Kooperation reifzumachen bestrebt ist. Der andere führt mit Lassalles Forderung einer organisatorischen Zusammenfassung der Arbeiter in „Produktivassoziationen mit Staatshilfe“ in die Anfänge der politischen Arbeiterbewegung hinein. Die Genossenschaften bilden sich dagegen erst als Werk von untereinander ganz verschiedenen, führenden genossenschaftlichen Persönlichkeiten, deren jede aus ihrem individuellen Wesen und Ethos, aus ihrer Erfahrung und ihrem organisatorischen oder spekulativen Genie heraus einen wesentlichen Beitrag zum Werden des am Ende allen gemeinsamen und zu einheitlicher sozialer Gestalt zusammenwachsenden Werkes leistet. Wir stellen diese persönlichen Ursprünge des Genossenschaftswesens je für sich dar, indem wir über das Leben und die Motive seiner Gründer und ihren besonderen Beitrag zum Ganzen berichten und dazu jeweils charakteristische Belege aus den vorliegenden Dokumenten und Schriften zusammenstellen. In einem weiteren Kapitel geben wir eine zusammenfassende soziologische Analyse des Wesens der modernen Genossenschaft als sozialer Gestalt, um abschließend jene in die Weite des gesellschaftlichen Daseins ausstrahlende Leistung und Wirkung der genossenschaftlichen Wirtschaft systematisch und mit einigen statistischen Belegen darzustellen, die, aus persönlichen Bemühungen und ideellen Motiven stammend, zu einer dauerhaften und sich praktisch über alle Schwierigkeiten der Zeit hinweg erhaltenden wuchtigen Wirklichkeit durch unermüdliche Zusammenarbeit unzähliger Einzelkräfte herangebildet worden ist.

I. Auf dem Wege zur genossenschaftlichen Gesellschaftsform

Das 19. Jahrhundert zeigt die europäische Gesellschaft auf kulturellem und technischem, ökonomischem und selbst politischem Gebiet je für sich weit „fortgeschritten". Es offenbart im gleichen Ausmaß eine wachsende Uneinheitlichkeit und schließlich Zerrissenheit seiner gesellschaftlichen Struktur. Die kapitalistische Wirtschaft löst immer mehr die menschlichen und ethischen Bindungen auf, die einer wachsenden Proletarisierung auf der einen Seite und einem immer schnelleren Anwachsen der wirtschaftlichen Macht andererseits zunächst noch entgegenwirken. Indessen stellt sich für den tiefer blickenden und denkenden Beobachter bereits in der ersten Hälfte des vergangenen Jahrhunderts heraus, daß die „überall bestehende Revolutionierbarkeit oder Entzündbarkeit der Sozietät" nicht richtig erkannt wird, wenn man sie in einem Mißverhältnisse der Regierungsformen zu den „Regierten" suchen will, „so daß also durch Umformung der Regierungen oder gar durch Wechsel der Regierenden dem Übel abzuhelfen wäre". Dafür lägen die Gründe der Gefährdung des gesamten gesellschaftlichen Daseins zu tief in der wirtschaftlichen Situation begründet. Sie seien „in einem bei der damaligen Evolutionsstufe der Sozietät, ihrer Gesittung und Lebensweise eingetretenen Mißverhältnisse der Vermögenslosen oder der Armen beschlossen hinsichtlich ihres Auskommens zu den Vermögenden", sagt Franz von Baader[1]). Die bestehende Gesellschaft vermag diesen Riß zwischen zwei Klassen nicht zu überwinden und ihre damals umkämpfte Idee der politischen Konstitution als Form der Demokratisierung des Staatslebens findet v. Baader mit Recht unzulänglich. Auf seine Lösung des Problems, die eine eigene Vertretung der „Proletairs" in den Ständen durch Priester vorsieht, ersparen wir uns einzugehen, — sie ist eine rein romantische. Wir zitieren v. Baader als einen Berichterstatter, dessen konservative Haltung es verbürgt, daß er den revolutionären Charakter der Situation zu-

1) „Über das dermalige Mißverhältnis der Vermögenslosen oder Proletairs", 1835 in: Franz von Baaders Schriften zur Gesellschaftsphilosophie, Jena, 1925.

mindest nicht übertreibt, wenn er sagt, „daß die Hörigkeit, selbst in der härtesten Gestalt . . . doch noch minder grausam und unmenschlich, folglich unchristlich war . . . als diese Vogelfreiheit, Schutz- und Hilflosigkeit des bei weitem größten Teils unserer, wie man sagt, gebildetsten und kultiviertesten Nationen"[2]). Die Menschlichkeit ist in Gefahr, sie ist bereits vernichtet bei jenen Opfern der modernen Entwicklung. Das ist die eine Folge der Zerrissenheit der Gesellschaft durch die neue Hörigkeit eines großen Teils ihrer Mitglieder.

Die andere Seite der Gefährdung — sie ist die ursprünglichere — zeigt sich auf dem Gebiet der Lohngestaltung, die einseitig in der Macht der Fabrikherren liegt: „Da nun die Freiheit der Konkurrenz (hier zwischen Arbeitern und ihren Lohnherren), wie man sagt, kein Monopol verträgt, effektiv aber von letzterem gegen erstere das drückendste Monopol ausgeübt wird, so frage ich, ob ein solches Mißverhältnis und ein solcher Druck den Namen einer frei sich bewegenden Industrie verdient? Ich frage, ob man es diesen Proletairs verargen kann, wenn auch sie einerseits sich gegen ihre Lohnherren zu gleichem Zwecke zu assoziieren bestrebt sind?"[3]) Die Assoziation, der Zusammenschluß der einseitig abhängig gewordenen Arbeiter, ist die erste Antwort auf eine menschenunwürdige und wirtschaftlich in höchstem Maße ungerechte gesellschaftliche Situation. Diese Assoziation ist als solche eine lediglich organisatorische Maßnahme, und sie umfaßt zunächst nur die unmittelbar und am meisten gefährdete Schicht. Sie läßt noch keine Lösung für das Problem einer Gestaltung der Gesellschaft als eines Ganzen erkennen. Wenn die bis zu einer Vogelfreiheit aus dem bestehenden Gesellschaftssystem hinausgedrängten Arbeiter sich zusammenschließen, so ist damit nur ausgedrückt, daß sie sich wehren wollen, daß sie begriffen haben, wie sehr der Zusammenschluß sie stärkt. Aber es ist noch nicht gezeigt, wie sie wieder zu einer menschenwürdigen, dem Kulturstand der Zeit entsprechenden Existenz kommen und wie sie ihre wirtschaftliche Lage befriedigend gestalten wollen. Es fehlt vor allem eine die Gesamtform der Gesellschaft angehende Idee, aus der heraus wieder ein lebensfähiges Ganzes erstehen kann, wo jetzt zwei Klassen sich immer mehr voneinander entfernen und die Einheit der Gesellchaft hoffnungslos zerreißen. Eine solche Idee erst kann auch der wachsenden Klasse der Arbeiterschaft

---

[2]) Baader a.a.O. S. 324 f.

[3]) a.a.O. S. 329 f.

zu einer menschenwürdigen gesellschaftlichen Existenz in geistiger wie wirtschaftlicher Hinsicht verhelfen. Sie muß auf eine zwanglose und von Grund auf wirkende Weise den Riß überwinden, der zwischen der neuen Herrschermacht des Kapitals und dem „Volk" sich immer mehr auftut. In diesem Sinn erneuert die Idee der modernen Genossenschaft ein altes Prinzip der gesellschaftlichen Gestaltung in einer der modernen sozialen Problematik angemessenen Weise auf dem Gebiet der Wirtschaft. Wie kaum eine andere Gesellschaftsform verbinden sich in der Genossenschaft persönliche Aktivität des einzelnen und Zusammenarbeit unbegrenzt vieler, kulturelles Streben und wirtschaftliche Tatkraft, und ein bewußt herausgebildeter Leitgedanke mit einer alltäglichen Praxis zu einem lebendigen, spannungsreichen, aber einheitlichen Ganzen. Wir wollen die moderne Genossenschaft von den Persönlichkeiten her, die sie gedanklich und praktisch entwickelt haben, verstehen. Dabei zeigt sich die Genossenschaft als eine Form moderner Lebensgestaltung und schöpferischer Geistigkeit in jener Welt der Wirtschaft, die nach manchen Theorien dem Einwirken eines nach eigenen Zielen gestaltenden Geistes und einer schöpferischen Lebendigkeit des menschlichen Wollens durch ihre Eigengesetzlichkeit völlig verschlossen sein soll. Sie liefert dem Soziologen dadurch den Beweis der sozial gestaltbildenden Macht der Idee und des gemeinschaftlichen Wollens.

Bevor wir den Gedanken und die Wirklichkeit der genossenschaftlichen Gesellschaft in ihren mannigfachen Motiven entwickeln, haben wir zwei Persönlichkeiten zu behandeln, die sich der Genossenschaft von entgegengesetzten Seiten nähern. Es sind Robert Owen, der eine geistige Hebung des Proletariers, nicht zuletzt auch unter dem Ziel seiner dadurch gesteigerten Leistungsfähigkeit im Betrieb erstrebt, und Ferdinand Lassalle, der die Arbeiterschaft von ihrer ökonomischen Abhängigkeit befreien will, nicht ohne den Gedanken daran, sie auf diese Weise politisch für sich zu gewinnen. Beide Persönlichkeiten, in Wesensart und Haltung ungemein verschieden voneinander, haben ihre Vorschläge zu einer Überwindung der gesellschaftlichen Problematik nicht nur gedanklich ausgearbeitet, sondern sie haben sich auch praktisch bemüht, sie durchzusetzen. Sie sind mit ihrem Schicksal nicht von ihrer Idee der gesellschaftlichen Neuordnung zu trennen, wie andererseits ihr Lebensgang mit dem gesellschaftlichen Dasein ihrer Epoche eng verbunden ist.

1. Robert Owen: Humanitäre Pädagogik

Robert Owen wurde am 14. Mai 1771 zu Newton in Montgomeryshire, Nordwales, geboren. Der im Sinne der Schule frühreife und begabte Junge machte sich frühzeitig auch praktisch selbständig. Als Kommis hatte er in London Gelegenheit, in Ladengeschäften vielerlei Menschen kennenzulernen. Als Manchester sich zum Mittelpunkt einer stark aufblühenden Baumwollindustrie entwickelte, zog es Owen dorthin. Mit 20 Jahren erhielt er in einer großen Spinnerei die Direktorstellung. Auf einer geschäftlichen Reise lernte er die Tochter des Besitzers der Baumwollenspinnerei zu New Lanark, David Dale, kennen. 1799 kaufte seine Firma Borrowdale-Atkinson die vier Spinnereien Dales. Owen, der inzwischen Fräulein Dale geheiratet hatte, übernahm am 1. Januar 1800 die Leitung — wie er sagte: „the government" — von New Lanark. Die Betriebe standen auf außerordentlich tiefem Niveau, die Arbeiterschaft bestand aus verkommenem Gesindel, das unter unerträglichen Bedingungen zu arbeiten hatte. Getrieben von einem aufrichtigen humanitären Gewissen, schaffte Owen die schlimmsten Mißstände ab und hob das geistig-menschliche Niveau der Arbeiter durch Erziehungs- und Bildungsmaßnahmen. Unter den Teilhabern, deren Kapital den Betrieb zu tragen hatte und die mit einer Verzinsung von 5 % und einer Risikoprämie zufrieden waren, war auch Jeremias Bentham. 1812 begann Owen von den Erfolgen seiner Erziehungsarbeit zu berichten. Er sah diese in dem Rahmen einer Erneuerung der Gesellschaft. Das theoretische Ergebnis ist: „Eine neue Auffassung von der Gesellschaft. Vier Aufsätze über die Bildung des menschlichen Charakters, als Einleitung zu der Entwicklung eines Planes, die Lage der Menschheit allmählich zu verbessern"[4]).

Nach großen praktischen Erfolgen, zahlreichen sozialpolitischen Neuerungen und umfassenden Bemühungen um eine Besserung des Schicksals der Arbeiterschaft, beispielsweise durch Einführung von Arbeitsnoten an Stelle des Geldes, wurde im Jahre 1825 der Versuch gemacht, die „Neue Gesellschaft" durch Gründung von „New Harmony" in Indiana zu verwirklichen. Dieser Plan scheiterte, wie spätere ähnliche Versuche auch. Owens Denken ergriff die gesellschaftliche Wirklichkeit nur von einer Seite her, von der Erziehung des Menschen aus. Ihre reale Struktur durchdrang es nicht. Owen

[4]) Nach der 3. Auflage, London 1817-, deutsch von Oswald Collmann, Leipzig 1900.

begnügte sich mit der Absicht, die Produktion planmäßig regeln zu wollen, ohne aber die Frage des Absatzes der Erzeugnisse näher zu prüfen, und er forderte Anziehung statt Trennung. „Das System der Nationalökonomie war das allgemeiner Abstoßung, meines das System allgemeiner Anziehung", erklärt Owen in seiner Selbstbiographie[5]).

Je mehr sich Owen durch seine sozialpolitischen Forderungen, insbesondere nach Beschränkung des Gewinnes, zu den Industriellen in Gegensatz brachte und es durch seine Ablehnung der Religion mit der Kirche verdarb, begann seine Popularität zu sinken. Er starb am 17. November 1858.

Aus dem Kreise von Owens Schülern gehörten sechs zu den achtundzwanzig „Pionieren von Rochdale", den Begründern der modernen Genossenschaftsbewegung, die den Erziehungsgedanken Owens zugleich mit einer praktischen Umgestaltung der Wirtschaftsgesellschaft weiter entwickelt. Zwei dieser Schüler, Charles Howarth und William Cooper, haben für diese Pionierleistung eine hervorragende Bedeutung.

In seinen Bemühungen um eine Neugestaltung der Gesellschaft vom Menschen her geht Owen aus von dem „Grundsatz, daß jeder allgemeine Charakter — vom besten bis zum schlechtesten, vom unwissendsten bis zum aufgeklärtesten — jedem Gemeinwesen und selbst der Welt im Großen durch die Anwendung geeigneter Mittel gegeben werden kann, und daß diese Mittel in weitem Umfang in der Gewalt und zur Verfügung derjenigen stehen, welche auf die Angelegenheiten der Menschen Einfluß haben"[6]). Seine Grundüberzeugung ist dabei eine ethisch-optimistische. Er glaubt durch ein solches Schaffen guter Charaktere im Sinne der Weltordnung zu handeln. „Denn jene Macht, welche das Weltall regiert und durchdringt, hat den Menschen offenbar so gebildet, daß er von einem Zustand der Unwissenheit zur Einsicht fortschreiten muß, deren Grenzen der Mensch nicht selbst bestimmen kann, und daß er bei diesem Fortschreiten entdeckt, daß seine persönliche Glückseligkeit in dem Maße vermehrt und ausgedehnt werden kann, wie er selbst sich tätig bemüht, das Glück seiner ganzen Umgebung zu vermehren und auszudehnen"[7]). Sein Plan ist ein „nationales, wohlgeordnetes,

---

[5]) Nach „Robert Owen und der Sozialismus", Auswahl aus Owens Schriften von Helene Simon, Berlin 1919, S. 50.

[6]) „Eine neue Auffassung v. . . „ S. 10.

[7]) A. a. O., S. 12—13.

niemanden ausschließendes System zur Heranbildung des Charakters und zur allgemeinen Besserung der niederen Klassen. Auf Grund der Erfahrungen eines diesem Gegenstand gewidmeten Lebens trage ich kein Bedenken, zu behaupten, daß die Glieder jedes Gemeinwesens allmählich dazu erzogen werden können, ohne Trägheit, ohne Armut, ohne Verbrechen und Bestrafung zu leben; denn von diesen Übeln ist jedes die Wirkung der Verkehrtheit der verschiedenen Systeme, die in der Welt herrschen. Diese Übel sind sämtlich die notwendigen Folgen der Unwissenheit"[8]).

Um seine Ideen zu propagieren, wendet er sich in einem offenen Brief „an die Leiter von Fabriken": „Wollen Sie also fortdauernd große Geldsummen ausgeben, um die besterfundenen Maschinen aus Holz, Messing oder Eisen zu beschaffen, sie vollkommen im Stand zu halten, für die Verhinderung unnötiger Reibung aufs beste zu sorgen und sie vor einer vorzeitigen Abnutzung zu bewahren? Wollen Sie auch jahrelang eingehenden Fleiß darauf verwenden, den Zusammenhang der verschiedenen Teile dieser leblosen Maschinen zu verstehen, ihre Wirkungskräfte zu erhöhen und mit mathematischer Genauigkeit alle ihre kleinen und komplizierten Bewegungen zu berechnen? Und wenn Sie bei diesen Verrichtungen die Zeit nach der Minute und das für die Aussicht eines vermehrten Gewinnes ausgegebene Geld bis auf Bruchteile berechnen — wollen Sie denn nicht auch etwas von Ihrer Aufmerksamkeit darauf richten, zu erwägen, ob ein Teil Ihrer Zeit und Ihres Kapitals nicht vorteilhafter dazu verwendet werden würde, Ihre l e b e n d e n Maschinen zu verbessern?"[9]).

In Owens Gesellschaftsdenken verbindet sich ein humanitärer Idealismus, wie man sieht, offenbar zwanglos mit einem durchaus praktischen Nützlichkeitsdenken im Sinne des kapitalistischen Unternehmertums. Hier liegt eine wesentliche Grenze seiner Gesellschaftsidee. Sein Erziehungsbemühen geht aus von einer fraglos selbstverständlichen Überordnung des Unternehmers gegenüber der Arbeiterschaft, die bei der Qualität der letzteren und ihrem menschlichen und geistigen Niveau in seiner Zeit nur allzu verständlich ist. Seine Haltung ist eine patriarchalische, und den Gedanken, daß die Arbeiterschaft aus sich heraus einen Selbständigkeitsdrang

[8]) A. a. O., S. 37.
[9]) A. a. O., S. 41/42.

entfalten und zur eigenen Betriebsgründung drängen könnte, entwickelt er nicht. Erst dadurch, daß der Arbeiter selbst auch zum Unternehmer heranreifen und mit zum Gestalter der Wirtschaft werden kann, vollendet sich aber jenes Streben zur Vermenschlichung des Arbeiters nach allen Seiten und in vollem Ausmaß. Bis zu dieser Überwindung der modernen Kluft zwischen Arbeiter und Unternehmer dringt Owen nicht vor. So ergreift er mit seiner Auffassung von der „Neuen Gesellschaft" kein für eine Umgestaltung des Ganzen ausreichendes Prinzip. Er sieht die Wirtschaft und mit ihr die Gesellschaft nicht als ein Werk aller schöpferischen freien Persönlichkeitswillen, von deren Zusammenarbeit es getragen ist, sondern der Mensch bleibt für ihn, zumindest soweit er Arbeiter ist, abhängig und gebunden. Nur im Rahmen dieser Gebundenheit will Owen sein Schicksal bessern, und sein Glaube an die Kraft der Erziehung reicht nicht bis zu der Einsicht, daß ein zum Begreifen des eigenen Wollens gelangter Mensch, der seiner selbst und seiner Fähigkeiten mächtig geworden ist, auch seine gesellschaftliche Lage von Grund auf umgestalten kann und danach streben muß, es zu tun. Die Abhängigkeit des Menschen von seiner Umgebung, die Owen in New Lanark nach ihrer negativen Seite so stark erlebte, bestimmt für ihn den Ansatzpunkt, aber auch die Grenzen seines Reformwillens. Owen ist davon überzeugt, daß „der Wille des Menschen keinerlei Macht hat über seine Meinungen. Er hat immer geglaubt, und er wird und muß immer glauben, was von seinen Vorfahren und den Verhältnissen, die ihn umgeben, seinem Geist eingeprägt wird oder werden kann"[10]). Die Erziehung ist also, nicht anders, als die Sozialpolitik, nur ein Faktor, der die Verhältnisse des Lebens mit umzugestalten hat, wodurch erst dann eine andere Gesellschaft möglich werden soll. Das Prinzip der Wirtschaftsgesellschaft wird somit außerhalb dieser selbst wesentlich mitbegründet von den „Verhältnissen".

Der Weg, den Owen zeigt und geht, um die Kluft zu überwinden, die sich mit dem aufkommenden Industrialismus in der Mitte der Gesellschaft auftut, führt nicht bis in den Kern des Problems, und gedanklich wie praktisch bleibt die Lösung Owens einseitig. Das gleiche gilt von der Idee Lassalles, nur daß diese ihr Ziel gleichsam von der anderen Seite her verfehlen muß.

---

[10]) A. a. O., S. 61/62.

2. Ferdinand Lassalle: Produktivassoziation und Staatssozialismus

Ferdinand Lassalle wurde am 11. April 1825 in Breslau geboren. Nach philologischen und philosophischen Studien in Breslau und Berlin erhielt sein persönliches Leben frühzeitig dadurch einen dramatischen Inhalt, daß er im Jahre 1846 eine Gräfin Hatzfeld kennenlernte, deren er sich in ihrem Ehescheidungsprozeß lebhaft annahm. — Sein Weg zur Erörterung der Gesellschaftsprobleme führt über die Philosophie Fichtes und Hegels in die Politik. In seinem im Frühjahr 1862 im Handwerkerverein in Oranienburg gehaltenen Vortrag „Über den besonderen Zusammenhang der gegenwärtigen Geschichtsperiode mit der Idee des Arbeiterstandes" führt er aus, daß mit dem Februar 1848 eine neue Idee, die des Arbeiterstandes, die Herrschaft angetreten habe. Um diese zu verwirklichen, müsse der Staat wirksam werden. Denn seine Funktion sei es, die Entwicklung des Menschengeschlechtes zur Freiheit zu vollbringen. Im Februar 1863 von dem Zentralkomitee zur Berufung eines allgemeinen deutschen Arbeiterkongresses in Leipzig aufgefordert, ein politisch-soziales Programm zu entwerfen, veröffentlichte er das „Offene Antwortschreiben". Dieses wurde die gedankliche Grundlage des „Allgemeinen Deutschen Arbeitervereins", der ersten sozialdemokratischen Parteiorganisation Deutschlands. Nach einem von vielfacher politischer Agitation erfüllten Leben, das seine wissenschaftlichen Fähigkeiten nur in einer durch oft gehässige Polemik getrübten Form noch zur Entfaltung kommen ließ, fiel Lassalle am 31. August 1864 im Duell.

Wie Lassalle, im Unterschied zu dem Praktiker Owen, von der Philosophie her sich den gesellschaftlichen Problemen seiner Zeit nähert, ist seine Gedankenwelt auch entsprechend umfänglicher und weiter entwickelt. Wir greifen aus ihr das Werk heraus, mit dem Lassalle seine positive Auffassung zur Frage der Neugestaltung der Gesellschaft von der Wirtschaft her darlegt, die gegen Schulze-Delitsch gerichtete, im Ton oft peinliche Streitschrift „Herr Bastiat = Schulze von Delitzsch, der ökonomische Julian"[11]).

Lassalle sieht die Arbeiterfrage ganz von ihrer wirtschaftlich-politischen Seite. Diese bestimmt auch ihren mensch-

[11]) Berlin 1864, in den „Gesammelten Reden und Schriften", herausgegeben von Eduard Bernstein, Berlin 1919; Bd. V.

lichen Aspekt: „Der Unternehmer bezieht sich . . . unter der freien Konkurrenz auf den Arbeiter als auf eine Ware! Der Arbeiter ist die Arbeit, und die Arbeit ist ein Produkt von notwendigen Erzeugungskosten. Dies ist es, was beiläufig unter der Herrschaft der freien Konkurrenz die menschliche Physiognomie unserer Zeit spezifisch bestimmt. Alle früheren Beziehungen, Herr und Sklave, im Altertum, feudaler Grundbesitzer und Leibeigener oder Höriger oder Schutzpflichtige waren doch immer menschliche Beziehungen und Verhältnisse!" Sie waren es, weil die gesellschaftliche Verbundenheit zwischen beiden Seiten die rein sachliche überwog, weil jeder der Partner im Rahmen der gegebenen gesellschaftlichen Situation eine wenn auch einseitig vorherrschende oder beschränkte Geltung als Person genoß. Diese wird durch die moderne Entwicklung vollends vernichtet. Darin müssen wir die soziologische Ursache für die von Lassalle festgestellte Tatsache sehen: „Die kalte, unpersönliche Beziehung des Unternehmers auf den Arbeiter als auf eine Sache, die wie jede andere Ware auf dem Markte nach dem Gesetz der Produktionskosten erzeugt wird, — das ist es, was die durchaus spezifische, durchaus entmenschte Physiognomie der bürgerlichen Periode bildet!"[11a]).

Wie aber kann man gegen diesen Zustand ankämpfen? Vor dieser Frage scheiden sich die Geister. Will Owen rein durch Erziehung, ganz vom menschlich-gesellschaftlichen Leben ausgehen, so interessiert dies Lassalle überhaupt nicht. Ihm geht allerdings auch persönlich die warmherzige Menschlichkeit Owens ab. Statt an den Menschen und an eine von ihm her zu erwirkende gesellschaftliche Besserung glaubt Lassalle an den Staat, hierin ein treuer Schüler seines Meisters Hegel. Es gibt „auf gesellschaftlichem Wege keinen Ausweg... Der einzige Ausweg für die Arbeiter kann daher nur durch die Sphäre gehen, innerhalb deren sie noch als Menschen gelten, d. h. durch den Staat"[12]). Dem Staat muß nun ein Instrument dargeboten werden, durch das er diese Aufgabe lösen kann. Dieses Instrument sind die „Produktivgenossenschaften". Lassalle entwickelt sie gedanklich in folgender Weise.

[11a]) A. a. O., S. 272.
[12]) A. a. O., S. 275—276, Anmerkung.

Sein Ziel ist, „das Kapital wieder zum toten, dienenden Arbeitsinstrument zu degradieren“[13]). Wir fragen: Ist es denn — lebendig? Zum Schein: ja. Lassalle sieht gerade darin einen bedenklichen Widerspruch, „daß sich im Kapitalisten das Kapital als Individualität gebärden will in einem Weltzustand, der von vornherein auf der Entindividualisierung alles Eigentums beruht“[14]). Warum ist die Individualität nur eine scheinbare?, dürfen wir weiter fragen. Weil dieses Kapital sich „unausgesetzt durch den Zufall“ bildet, weil ihm kein individuelles Tun entspricht, dessen unmittelbarer Ertrag es wäre. Es entsteht nach Lassalle, „durch die rein objektiven Bewegungen der Gesellschaft“ als einer „Verteilung des Eigentums von Gesellschafts wegen“[15]). Diese scheinbare Individualität des Kapitals im Kapitalisten soll beseitigt werden. Ist der Zweck dabei, sie durch eine wirkliche zu ersetzen? Soll das Kapital zu einem lebendigen Werkzeug in der Hand der menschlichen Persönlichkeit gemacht werden? Würde eine solche echte „Individualisierung“ den Intentionen Lassalles entsprechen? Keineswegs! Im Gegenteil sogar, müssen wir sagen. Das Kapital soll nicht in echter Weise individualisiert werden, sondern es soll nach Beseitigung des Scheines der Individualität vollends getötet werden. Der Kapitalist muß verschwinden, die „individuellen Produktionsvorschüsse“, mit denen der Kapitalist die Industrie aufbaut, sind „aufzuheben“. Damit entfällt auch die Notwendigkeit, die Produktionsüberschüsse an die Scheinindividualität, von der die Produktionsvorschüsse stammen, abzuführen[16]). Der Kapitalist verschwindet.

Das Eigentum an Kapital aber, das bei dem bisherigen Inhaber nur scheinbar ein „individuelles“ ist, soll auf eine ganz andere Weise doch wiederkehren, um künftighin zu einem wirklich individuellen gemacht zu werden: als auf Arbeit gegründetes. Das „noch ungewordene Eigentum der Zukunft“ wird durch eine „andere Gestaltung der Produktion zum Arbeitseigentum“ gestaltet[17]). Eine andere Gestaltung der Produktion? Ja, nämlich durch die „Produktivassoziation“, also durch die genossenschaftlich betriebene Produktion. Zu ihrem Wesen gehört es, daß eine gemeinsam betriebene Herstellung ergänzt wird durch eine Verteilung des Gewinns nach Maß-

[13]) A. a. O., S. 299.
[14]) A. a. O., S. 296.
[15]) A. a. O., S. 297.
[16]) A. a. O., S. 299.
[17]) A. a. O., S. 298.

gabe der beigesteuerten Leistung. Worin liegt nun die Individualisiertheit, und zwar die „echte"? Sie müßte darin bestehen, daß an die Stelle des nur scheinbar individuellen Kapitalisten — der nach Lassalle in Wahrheit nur die Stelle ist, zu der „durch die rein objektiven Bewegungen der Gesellschaft" automatisch der Gewinn hinfließt, — ein wirklich individueller tritt, zu dem also der Gewinn gemäß seiner individuellen Leistung gelangt. Begonnen werden müßte logischerweise dabei mit einem „individuellen" anfänglichen Kapital. Eben dies aber will Lassalle durchaus nicht! Er will gar nicht den scheinbar individuellen Kapitalisten durch einen wirklichen ersetzen. Das Kapital, das für die „Produktivassoziation" nötig ist, soll die am wenigsten „individuelle" Instanz liefern, die es überhaupt in der Gesellschaft gibt: der Staat! Die Kritik an der Scheinhaftigkeit des Individuellen bei dem Kapitalisten ist also bloße Spiegelfechterei, und wenn Lassalle, offenbar um bei der Bourgeoisie seinen Sozialismus beliebt zu machen, erklärt, er wolle „nicht das Eigentum aufheben, sondern im Gegenteil individuelles Eigentum, auf die Arbeit gegründetes Eigentum erst einführen"[18]), dann ist dies eine Täuschung. Denn worin besteht das „individuelle Eigentum" bei einer Produktivgenossenschaft, die auf Staatskredit, also praktisch als Staatseigentum begründet ist? Es gibt in ihr nicht nur kein „individuelles", sondern nicht einmal ein „kollektives" oder „gemeinsames" Eigentum! Wenn wirklich ein individuelles Eigentum anfänglich begründet werden sollte, dann wäre der Staatskredit dazu durchaus genau nicht der richtige Weg.

Wie irreführend Lassalles Theorie des angeblich individuellen „Arbeitseigentums" ist, lehrt auch folgende Überlegung. Wir fragen: Worin beruht der nicht-individuelle Charakter des Kapitaleigentums? Darin, daß es sich „durch die rein objektiven Bewegungen" der Gesellschaft bildet. Wie äußern sich diese? In dem Funktionieren des Marktes, auf dem die Arbeitsprodukte verkauft werden und auf dem die Arbeitskraft gekauft wird. Da nach dem von Lassalle so genannten „ehernen Lohngesetz" die Arbeitskraft zu einem Preis gekauft wird, der gerade knapp die Existenz des Arbeiters zu erhalten ausreicht, die Erzeugnisse dieser Arbeitskraft aber zu einem höheren Preis verkauft werden, erzielt der Unternehmer durch diese „objektive Bewegung" einen Gewinn, der

[18]) A. a. O., S. 298

wiederum zu neuer Kapitals- oder Eigentumsbildung führt. Diese ist, nach Lassalle, auch nicht „individuell", weil sie jener „objektiven Bewegung" entspringt. Wir müssen nun fragen: Was ändert Lassalles „Produktivgenossenschaft mit Staatskredit" an dieser „objektiven Bewegung"? Die Antwort kann nur lauten: Gar nichts! Denn der Markt bleibt bestehen, dessen „objektive Bewegung" das Kapitaleigentum bildet. Auch jetzt ist es die Differenz zwischen Verkaufspreis des Produktes und Lohn, die — für das Unternehmen — Kapital sich bilden läßt. Der „Kapitalist" ist fortan nicht mehr der einzelne, der nach Lassalle nur zum Schein ein individueller ist, sondern die Gesamtheit der Inhaber des genossenschaftlichen Produktionsbetriebes. Diese ist nun aber nicht einmal mehr zum Schein eine „individuelle", sondern eben eine gemeinschaftliche. „Individuell" ist allenfalls der nach Leistungen aufgeteilte gemeinsame Profit.

Zu Ende gedacht sieht die Wirtschaftsgesellschaft Lassalles zunächst so aus, daß Produktionsgenossenschaften auf dem Markt einkaufen und verkaufen. Sie können die Gewinne zur Kapitalbildung — vielleicht auch zur Rückzahlung des Staatskredites — verwenden, wobei ein individuelles Kapitaleigentum überhaupt nicht erzielt ist. Oder aber: es wird grundsätzlich — nach Zurückzahlung des Staatskredites — der gesamte Gewinn in Form entsprechend höherer Löhne ausbezahlt. Wäre dies dann also „individuelles" Eigentum? Nach Lassalle müßte es so sein. In Wahrheit aber wäre es privates V e r m ö g e n und überhaupt k e i n K a p i t a l ! Von dieser Seite her betrachtet ist Lassalles „Idee" überhaupt keine volkswirtschaftliche mehr. Sie bietet keine Lösung des eigentlichen Problems, das ein gesamtgesellschaftliches ist, weil es aus der kapitalistischen Gesamtwirtschaft entspringt. Lassalles Versuch gipfelt darin, daß er das „individuelle Kapital" ersetzt durch Staatskredit oder kollektives Kapital in ungeklärter Form, und seine Individualisierung des Kapitals ist nichts als seine Rückführung in privates Vermögen.

Denn jenes Problem lautet: wie kann im Ganzen der Wirtschaft die Macht des Menschen gegen das Kapital wiederhergestellt werden? Davon geht Lassalle selbst aus. Gesetzt nun, die Lassalle'schen Produktivgenossenschaften arbeiteten. Würden die Preisbildung und der Verkaufserfolg auf dem Markt dann andere sein als in der kapitalistischen Privatwirtschaft? Würde der Erwerb durch Verkauf des eigenen Erzeugnisses auf dem Markt ein „menschlicherer" sein?

Würden nicht Angebot und Nachfrage genau so „objektiv" die Höhe des Gewinnes bestimmen? Ohne Frage: ja. Und müßte nicht das Risiko einer schlechten Verkaufschance von allen getragen werden, sei es, daß es die Produktivgenossenschaft an ihrem Gesamtkapital trifft, sei es, daß die Arbeiter mit ihrem „individuellen" Vermögen einspringen, sofern der gesamte Gewinn in Form höherer Löhne ausbezahlt wird? Was gewinnt der Arbeiter dabei?

Lassalle geht diesem Problem durch den Appell an den Staat aus dem Wege. Damit nicht die einzelnen Produktivgenossenschaften durch die Schwierigkeiten des Existenzkampfes auf dem Markt und die damit verbundene Konkurrenz einander gefährden, will er grundsätzlich und von vornherein mit Hilfe des Staatskredites, von dessen Höhe er offenbar ganz utopische Vorstellungen hat, alle Betriebe eines Erwerbszweiges in Produktivgenossenschaften zusammenfassen. Er will, daß „an jedem Ort immer ein ganzer Produktionszweig in eine einzige Assoziation konzentriert" werden soll[10]). Also praktisch: die Produktivassoziation als Produktionsgesamtheit je eines Erwerbszweiges, als — Trust. So freilich ist durch das damit gegebene Monopol die Konkurrenz beseitigt, man kann Preise diktieren und hat die Möglichkeit, sich in beliebigem Umfang „individuelles Eigentum" zu verschaffen. Aber selbst dies ist noch nicht die letzte Instanz der unausweichlichen Dialektik, wenn man Lassalles Wiederherstellung des „Menschen" zu Ende denkt: ein Nebeneinander der Gesamtproduktivassoziationen der verschiedenen Gewerbszweige muß zu Machtkämpfen zwischen ihnen um die Preisgestaltung führen. Damit hat der Staat als letzte Instanz das Wort, sei es, daß er seinen Willen in der Kredithergabe oder Kreditrückforderung ausdrückt, oder daß er eine Preisregelung diktatorisch verfügt. Es braucht kaum einer besonderen Erwähnung, daß gegenüber einer insgesamt in Trusts von Arbeitervereinigungen organisierten Wirtschaft der „Staat" kein „bürgerlicher" bleiben kann — der Weg zum „Staatssozialismus" ist zwangsläufig gewiesen. Dies also ist Lassalles Wiederherstellung des „Menschen" gegen das Kapital — aber ist Lassalle nicht von Anbeginn überzeugt, daß für die Arbeiter nur der Staat die „Sphäre" ist, „innerhalb deren sie noch als Menschen gelten"?

Der theoretische Dogmatismus kehrt zu sich selbst zurück.

---

[10]) A. a. O., S. 309.

Der Wille, eine andere Gesellschaft zu gestalten, zielt zwar auf eine genossenschaftliche Form hin, aber er vermag nicht, die in der philosophischen Konstruktion liegende Begrenzung der Idee zu überwinden. Die Genossenschaft verlangt von dem geistigen Führer, der ihre Idee klar erfassen und ihr zur Wirklichkeit verhelfen soll, daß er von sich selbst absehen und seinen eigensüchtigen Willen überwinden kann. Nur unter dieser Voraussetzung kann die Genossenschaft als das begriffen werden, was sie als Form der Wiederherstellung des „Menschen" sein muß: ein gemeinsames Werk aus freiem Wirken von selbständigen Persönlichkeiten. Sowohl die künstliche Entstehung der Lassalle'schen Assoziationen durch Hergabe von Staatskredit statt durch Aufbau aus eigener Wirtschaftskraft, wie auch ihr totaler Charakter für jeweils ganze Produktionszweige sprengen den „menschlichen" Rahmen, der sich nur in einer Gemeinschaftsarbeit selbständiger Persönlichkeiten darstellen kann. Der Staatskredit gibt einer außenstehenden Macht, eben dem Staat, einen wesentlichen Einfluß auf die Gestaltung der Assoziation und auf ihre Arbeit, und der totalitäre Charakter der Organisation verführt notwendigerweise zu Machtkämpfen gegen die übrige Gesellschaft. Von einer Wiederherstellung eines Einflusses des „Menschen" kann dabei ebensowenig die Rede sein wie von einem „individuellen" Eigentum innerhalb der Erwerbswirtschaft und im Aufbau der Produktion.

Der Gedanke der Produktivassoziationen kann für Lassalle also nicht mehr sein als ein taktisches Mittel zur Verwirrung der Fronten. Lassalle spielt eine falsche Rolle, die des bürgerlichen, liberalen Individualisten, der er seinen wirklichen Absichten nach durchaus nicht ist. Er erscheint im Kostüm seines Gegners, um die Öffentlichkeit zu täuschen. Er erreicht nur, daß dieser Gegner, gegen den er mit so wildem Elan loszieht, daß Schulze-Delitzsch recht behält. Denn diesem ist es ehrlich um jenes „individuelle Eigentum" zu tun, das zu erstreben Lassalle vorgibt. Schulze-Delitzsch tritt ihm mit folgendem Argument entgegen: „Weil die Genossenschaften, wie der Erfolg überall zeigt, ohne diese ganz undurchführbare Staatsgarantie Geld und Kredit in ausreichendem Maße erhalten, wenn sie es recht angreifen, ist es in keiner Weise zu rechtfertigen, durch Zuhilfenahme des Staates jene wichtige Bedingung alles gewerblichen Gedeihens, die geschäftliche Selbständigkeit, ohne die dringendste Veranlassung zu opfern"[20]).

[20]) S. 392.

In diesem Sinne haben die Genossenschaften von Schulze-Delitzsch grundsätzlich ein Eingreifen der öffentlichen Hand in ihrem Betrieb abgelehnt, auch wenn ein besonders lockendes Anerbieten der öffentlichen Hand ihnen ein Mehrfaches des Kredites zu weit günstigeren Bedingungen bot als der normale, nicht nur „scheinbar", sondern wirklich „individuelle" Geschäftsverkehr.

Wie kommt Lassalle zu diesem Scheingefecht gegen und für das „individuelle" Eigentum? Will er seiner Produktivgenossenschaft einen für das bürgerliche individualistische Denken erträglicheren Anstrich geben? Es mag sein. Wir müssen aber weiter fragen: Ist das Ergebnis überhaupt eine Genossenschaft? Höchstens der Form nach! Praktisch ergibt sich zunächst ein kollektiver Betrieb mit Selbstverwaltung und Gewinnausschüttung nach Maßgabe der Leistung. Ganz abgesehen davon, daß ohne den ganzen großen dialektischen Aufwand das gleiche Ergebnis durch eine der Arbeitsleistung entsprechende Gewinnbeteiligung in jedem Betrieb erzielt werden könnte, fragt es sich, ob bei einer Hergabe von Krediten durch den Staat überhaupt nicht in die gesellschaftliche Struktur dieser so begründeten Betriebe ein dem „Individuellen" genau entgegengesetzter öffentlicher, also politischer Charakter hineingetragen wird. Was kann denn das Motiv des Staates sein, der Kredite für solche Assoziationen hergibt? Keinesfalls nur ein sozialpolitisches, etwa um einzelnen besonderen Notständen abzuhelfen! Lassalle will ja selbst, daß „an jedem Orte immer ein ganzer Produktionszweig in eine einzige Assoziation konzentriert" werden soll. Das Motiv des Staates kann also nur ein politisches sein. Und gegen wen? Wer würde durch derartige staatlich kreditierte Produktivassoziationen gefährdet werden? Offenbar alle anderen Industrien, die noch mit „scheinbar individuellem" Kapital, mit einzelnen Kapitalbesitzern arbeiten. Lassalles Produktivassoziationen sollen also nichts anderes sein als staatlich finanzierte, wirtschaftliche Kampftrupps gegen die bürgerlich-kapitalistische Wirtschaft. Die „genossenschaftliche" Formung soll so wenig zu einer „Individualisierung" des Eigentums durch ein „Arbeitseigentum"[21]) führen, daß sie vielmehr das genaue Gegenteil erstrebt: eine rein kollektive Wirtschaftsmacht gegen alles „Individuelle" in der Wirtschaft, gegen alle Einzelwirtschaft überhaupt.

---

[21]) A. a. O., S. 298.

Lassalle ist kein Genossenschafter, sondern ein militanter Kollektivist. Es geht ihm nicht um die Wiedereinsetzung der Persönlichkeit in ihren Gestaltungsbereich in der Wirtschaft, aus dem die „rein objektiven Bewegungen der Gesellschaft" sie in der „Verteilung des Eigentums von Gesellschaft wegen" verdrängt haben. Er will nicht dem Arbeiter eine Möglichkeit schaffen durch eine Gemeinschaftsleistung zu einer in ihrem Rahmen mitgestaltenden Persönlichkeit heranzuwachsen, sondern sein Ehrgeiz geht auf eine Formierung möglichst großer Massen als Armeen für seine politischen Schlachten: „Wie die großen Bataillone auf dem Schlachtfeld, so sind es immer die großen Arbeitermassen, die großen Kapitalien, die auf dem ökonomischen Felde den Sieg entscheiden. Eben deshalb würde freilich wieder nichts leichter sein als die »freie Konkurrenz«, welche jetzt den Arbeiter erwürgt, in ein Instrument seiner Befreiung umzuwandeln. Aber dazu wäre also zuvor erforderlich, die großen Bataillone auf Seiten der Arbeiter, auf Seiten der Assoziationen zu bringen. Und dies vermag allein der Staat, welcher, wie auf dem Schlachtfeld, so auch auf dem ökonomischen Felde durch den Staatskredit immer noch allein derjenige ist, welcher die großen Arbeiterbataillone in Bewegung setzen und den Sieg damit bestimmen kann"[22]).

Aber auch die „großen Bataillone" müssen aus Regimentern bestehen, diese aus Kompanien. Warum nicht von diesen her aufbauen? Warum nicht aus kleinen Assoziationen das Ganze heranwachsen lassen? Warum riesige Staatskredite, die die Selbständigkeit zumindest äußerst gefährden und das Risiko erhöhen, wenn kleine Einzelkredite zu erhalten sind? Der Grund ist, daß diese Kredite im einzelnen an die Genossenschaft nur gegeben werden, wenn die geschäftliche Solidität garantiert und der wirtschaftliche Erfolg gesichert ist. In der „freien" Wirtschaft kann auch nur eine wirtschaftlich „gesunde" Genossenschaft ein „Arbeitseigentum" für den Arbeiter schaffen. Aber bei der Produktivgenossenschaft ist das in vielfacher Hinsicht gerade problematisch. Da ihr der selbständige Unternehmer in Person fehlt und statt seiner „rechenhaften" Selbstdisziplin eine Vielheit von Personen da ist, die alle mit Hilfe der Genossenschaft zu einem „individuellen Arbeitseigentum" kommen wollen, während auf der anderen Seite der Kampf um den Absatz nicht leichter geworden ist,

[22]) A. a. O., S. 304; Sperrungen von Lassalle.

ist die „Rentabilität“ einer solchen Produktivgenossenschaft durchaus eine heikle Sache. Indessen macht sich Lassalle wegen solcher nur praktischen Fragen kein sonderliches Kopfzerbrechen. Nicht anders als seine metaphysischen Lehrmeister geht er über die nur „äußerliche“ Existenz leicht hinweg. Er strebt im Grunde auch gar nicht nach einer „individuellen“ Kapitalbildung des Arbeiters, sondern sein Ziel sind die „großen Arbeiterbataillone“, als deren Schöpfer er in die Geschichte eingehen kann — ein ökonomischer Heerführer, kein Diener am Selbsthilfswerk des Arbeiters.

Lassalle hat von Bismarck die Staatskredite — sie hätten gewaltig sein müssen! — nicht erhalten, um mit ihnen seine Arbeiterbataillone der Herrschaft entgegenzuführen, die sie, wie er sagt, 1848 bereits angetreten hatten, und um den Arbeitern im „Staat“ jene Menschlichkeit wiederzugeben, die die „kalte unpersönliche Beziehung des Unternehmers auf den Arbeiter“ ihnen geraubt hat. In allem das genaue Gegenteil Owens, gleicht er ihm formal in dem einen Punkt, daß auch er in der Reaktion auf die Gesellschaftskrise, die er als eine politische wesentlich mit bewußt macht, nur bis in die Nähe der Genossenschaft als einer neuen Gesellschaftsidee geführt wird. Im Inhalt des Wollens aber, in der dunkel vorschwebenden Gesamtidee der Gesellschaft ist er ihm radikal entgegengesetzt. Vor Owens innerem Auge steht ein Leitbild der Gesellschaft, in der alle ihr individuelles Glück finden dadurch, daß sie einander helfen und aufeinander Rücksicht nehmen. Dies vor allem läßt er schon die Kinder lehren. Lassalle, durchaus im Geiste des sich vorbereitenden Kaiserreichs, sieht eine Gesellschaft allgemeiner Militanz vor sich, in der man dem Kanzler die Arbeiterschaft in Bataillonen formiert vorführen muß, um Beachtung zu finden, um selbst eine Rolle spielen zu können. Wo Owen an einem menschlich wohlwollenden, durchaus sozial gesonnenen Patriarchat des Unternehmers festhält, das ihn daran hindert, die Genossenschaft als eine aus der Gruppengemeinschaft ihrer Träger heraus eigenständige Wirklichkeit in ihrem Wesen und Wert zu sehen, da erstrebt Lassalle als Politiker eine zumindest intellektuelle Herrschaftsposition und zieht es vor, die Staatsmacht zu bemühen, um einen schnellen Erfolg seiner Pläne zu sehen, statt dem Leben seinen langsamen, aber sicheren und eigenschöpferischen Weg freizulassen. Wenn Owen den Menschen durch „Verhältnisse“ und Umwelt gebunden sieht und er diese Bindung zum Instrument seines Einflusses machen will, erfaßt Lassalle hingegen den Arbeiter nur in der Fremdgesetzlichkeit der Massenbildung, für die er die völlig außenstehende Macht des Staatskapitals zu aktivieren sucht. Wie Owen dem einzelnen „Willen" des Menschen keine Macht gibt über seine „Meinungen", obgleich er doch die geistige Seite des Menschen besonders pflegt, so gibt Lassalle zwar vor, ein echtes „individuelles Arbeitseigentum" für den Arbeiter zu erstreben, aber in Wirklichkeit macht er ihn abhängig vom Staatskredit. Damit unterwirft er ihn der politischen Lenkung, wie Owen in den „Verhältnissen" die letzte Instanz der Meinungsbildung, damit des Geistes und der Kultur überhaupt sieht. Und wie Owen mit seinen Erziehungsplänen, so greift auch Lassalle mit seiner Idee der Produktivassoziation an dem von Baader ins Auge gefaßten gesellschaftlichen Mittel vorbei, dessen Verwirklichung jenes Problem Lassalles lösen kann: die Aufgabe der Wiederherstellung der „menschlichen Physiognomie" in der Wirtschaft, die Aufhebung der „kalten unpersönlichen Beziehung des Unternehmers auf den Arbeiter als auf eine Sache" und der „Verteilung des Eigentums von Gesellschafts wegen" lediglich nach „objektiven Bewegungen der Gesellschaft".

Der konservativ-christliche Geist Franz von Baader hat, in der Mitte gleichsam zwischen dem humanitär-wohlwollenden Owen und dem doktrinär-ichsüchtigen und herrschbegierigen Lassalle, im Blick auf das rechte Wesen der Assoziation den Zielpflock eingeschlagen, auf den hin sich, von verschiedenen Voraussetzungen aus, Theorie und Praxis bewegen. In der tatsächlichen genossenschaftlichen Wirklichkeit und in ihrer Theorie erwächst schließlich aus dem Verschmelzen der mannigfaltigen Motive, die von schöpferischen Geistern der Praxis in das immer fester sich zusammenschließende gemeinsame Werk hineingetragen werden, eine neue Gesellschaftsgestalt und ihr Gedankenbild. Diese soll, wie ein frisch herangebildetes Gewebe in einer klaffenden Wunde den Riß schließen, den die kapitalistische Entwicklung von der Erwerbswirtschaft her in der Gesellschaft unvermeidlich entstehen ließ. Wir wenden uns diesem vielseitigen, doch im Ziel einhelligen geistig-praktischen Werden zu. Indem wir es aus seinen verschiedenen ethischen und praktischen Motiven her und von den an seinem ersten Entstehen schöpferisch mitwirkenden Persönlichkeiten aus darstellen, sehen wir den Geist des Menschen am Werk, wie er aus der weitgespannten, aber keineswegs gesetzlosen Welt soziologischer Möglichkeiten eine bestimmte gedanklich herausarbeitet, und wie er andererseits, in ständiger Wechselwirkung mit diesem gedanklichen Tun, in seinem praktischen Wirken die realen Kräfte des menschlichen vernünftigen Willens aufruft, um im harten Ringen alltäglich-praktischer Bewährung ein bleibendes und fortwirkendes Gebilde ins Leben zu rufen. In einzigartiger Gleichgewichtigkeit arbeiten „Theorie" und „Praxis" daran, in friedlichem Streben, jenseits von Utopie und Gewalt eine neue gesellschaftliche Gestalt ins Dasein zu bringen und sie zu kräftigem Eigenleben zu entwickeln. Wenn auch der genossenschaftliche Idealismus zuweilen vielleicht die Härte der Realität nicht genügend bedenkt, die in der Selbstsucht des einzelnen und in der Gewalt der großen Mächte ganz überwiegend existiert, so liegt es dennoch keineswegs nur im guten Willen der überzeugten Genossenschaftler, sondern auch in der inneren, sachlichen Reichweite, im grundsätzlichen Gehalt und in dem praktischen Gewicht der genossenschaftlichen Gesellschaftsform begründet, daß sie eine über ihre besonderen Erfolge hinausgehende allgemeine Bedeutung für Theorie und Praxis einer nicht kapitalistischen Gesellschaft beanspruchen kann.

II. Gründer, Ideen und Ursprünge der Genossenschaft

1. Die „Pioniere von Rochdale“:

Genossenschaft und Arbeiterhaushalt

a) Statt einer Lebensgeschichte

Die Gründer der ersten Genossenschaft, die im Sinne einer auf das Ganze der gesellschaftlichen Wirtschaft gerichteten Idee aufgebaut wurde und die sich in einer nicht mehr zu übersehenden Weise als Ursprung einer sich über die ganze Welt erstreckenden sozialwirtschaftlichen Bewegung bewährt hat, waren Arbeiter, deren Leben und deren Geistigkeit keinen Stoff bietet für eine individuelle Charakteristik. Wesentlicher als ihre individuellen Wesenszüge und Schicksale ist ihr Gemeinsames. In diesem Sinne beginnt der Geschichtsschreiber der ersten dauerhaften Genossenschaft Holyoake sein Buch über die „Pioniere von Rochdale“ mit folgender Charakteristik:

„Die Menschen müssen in Rochdale anders geartet sein als sonstwo. Eine ganz besondere Art von Arbeitern muß in diesem rätselhaften Bezirk von Lancashire gelebt haben — anders läßt es sich nicht erklären, daß sie die Kunst des Zusammenhandelns und des Zusammenhaltens so gut beherrscht haben wie keine anderen Arbeiter Großbritanniens. Sie sind dem denkwürdigen Rate Robert Peels gefolgt: sie haben ihre eigenen Angelegenheiten in ihre eigenen Hände genommen, und, was noch wichtiger ist, sie haben sie darin behalten.

Man sagt, die Arbeiter besäßen nicht viel Selbstvertrauen, auch nicht viel Vertrauen zueinander; Geschäftskenntnis sei ihre starke Seite auch nicht. Die Fähigkeit, eine große Organisation zu gründen und alle ihre Schwierigkeiten zu meistern, wird ihnen gewöhnlich abgesprochen. Versuche mit dem Genossenschaftswesen unter den Menschen sind oft gemacht worden, ebenso oft aber hat man Mißerfolg gehabt. Robert Owen hat nicht die Hälfte von dem erreicht, was er beabsichtigte. Die »Christlich-Sozialen« haben nur wenig auf dem Gebiete des Genossenschaftswesens erreicht, obwohl sie von redegewandten Pfarrern begeistert und von vortrefflichen Professoren geführt wurden, obwohl sie über juristische und kaufmännische Kenntnisse verfügten und ihnen sogar, was nicht von geringer Bedeutung ist, der Säckel des Fortunatus zur Verfügung stand. Sie haben dem Drachen Konkurrenz kaum einen einzigen Zahn gezogen.

Es war gegen Ende des Jahres 1843, an einem der nebligen, finstern, feuchten unbehaglichen Tage . . . wie sie um November herum zu sein pflegen, wo das Tageslicht erschöpft ist und die Sonne des Scheinens müde geworden ist, entweder aus Widerwillen oder aus Verzweiflung. An einem solchen Tage traten einige arme, arbeitslose, hungernde Weber, die fast an ihrem Dasein verzweifelten, zusammen, um zu beraten, was sie zur Hebung ihrer wirtschaftlichen Lage tun könnten. Die Fabrikanten hatten Geld, die Händler Waren; wie konnten die Arbeiter ohne beides erfolgreich sein?

Sollten sie die Armenpflege anrufen? Das hätte Abhängigkeit und Unfreiheit bedeutet! Sollten sie auswandern? Das wäre einer Verbannung für das »Verbrechen«, arm geboren zu sein, gleichgekommen! Was sollten sie tun? Sie beschlossen, den Kampf ums Dasein auf eigene Rechnung zu führen. Sie wollten, soweit es sie anging, die Händler, Fabrikbesitzer und Kapitalisten verdrängen. Ohne Erfahrung, Kenntnis und Geldmittel wollten sie selbst Kaufleute und Fabrikanten werden.

Es wurde eine Zeichnungsliste in Umlauf gesetzt. Die Börse hätte von dem Ergebnis dieser Zeichnungen bestimmt nicht viel gehalten. Ein Dutzend dieser »Liliput-Kapitalisten« verpflichtete sich zu einer wöchentlichen Zahlung von 2 Pence pro Mann, eine Summe, welche diese Rochdaler Rothschilds nicht einmal aufzubringen wußten. Nach zweiundfünfzig »Mahnungen« hatten diese »Großaktionäre« noch nicht Geld genug auf ihrer Bank, um einen einzigen Sack Hafermehl zu kaufen. Heute (1857) dagegen haben diese armen Leute eigene Fabriken und Läger und führen ein Lebensmittelgeschäft mit einem Jahresumsatz von 76 000 Pfund in barem Gelde. Ihre Bareinnahme im letzten Vierteljahr betrug 19 389 Pfund oder wöchentlich über 1400 Pfund"[23]).

Das ist in Kürze die Lebensgeschichte der „Pioniere von Rochdale", die als einzelne unbedeutende und keiner besonderen Beachtung werte Arbeiter waren, die aber durch ihr gemeinsames Werk zu Persönlichkeiten im Rahmen ihrer genossen-

---

[23]) Holyoakes „Geschichte der Rochdaler Pioniere", bearbeitet von Robert Schloesser; Köln, 1928, S. 687.

schaftlichen Arbeit und als Gestalter ihres Unternehmens heranwuchsen. Dies gehört zum Eigentümlichen der Genossenschaft als Form gemeinsamer Arbeit, daß sie ihre einzelnen Träger nicht in einem unpersönlichen Gesamtwesen auslöscht, sondern daß sie sie zu dem größtmöglichen Maß ihrer inneren Reichweite und Leistungsfülle zur Entfaltung kommen läßt. Wo der einzelne als solcher nicht die Kraft und die Mittel besitzt, sich als Persönlichkeit zu entwickeln und durchzusetzen, da findet er diese in der Kooperation, die ihm eine Funktion im ganzen zuweist. Je mehr er an seinem Platz aktiv wird, desto mehr entwickelt er mit dem Ganzen zugleich die eigene Person. Aber, so wird man fragen, ist dies nicht in den allem menschlichem Wirken gesetzten Grenzen bei aller Tätigkeit der Fall? Wir werden bei der abschließenden Würdigung der grundsätzlichen Bedeutung der Genossenschaft in der Gesellschaft diese Frage noch ausführlich zu behandeln haben. Als entscheidend heben wir jetzt hervor: daß der Genossenschafter, indem er das Ganze fördert, niemandes Fremden, keines über ihm Stehenden Sache betreibt, sondern ausschließlich die seine und die seiner Genossen. Jede Stärkung seiner eigenen wirtschaftlichen und gesellschaftlichen Position kommt ganz unmittelbar auch dem Ganzen des gemeinsamen Werkes zugute. Indem sie ihr gemeinsames Wirtschaftsgebilde aufbauten und entwickelten, wurden die unbedeutenden Arbeiter als Genossenschafter zu schöpferischen und einflußreichen Persönlichkeiten. Sie wurden es nicht, indem sie eines anderen Kraft und Leistung „ausbeuteten", noch indem sie für die Interessen und den Nutzen eines außerhalb ihres Kreises Stehenden ihre eigene Leistung hingaben, sondern die Gesamtheit der Genossenschafter ist sowohl der Träger des Werkes, wie sein Nutznießer; sie geben ihm ihre Leistung, und wäre es nur, indem sie ihre Waren dort beziehen, und sie erhalten die volle Gegenleistung zurück. Es gibt in diesem gesellschaftlichen Gefüge keine Herrschaftspositionen, es sei denn die auf Kenntnis, Dienst und Leistung begründeten, es gibt keine Ausbeutung und keinen Gewinn. Der Riß, der quer durch die moderne Gesellschaft geht, der Besitzende und Nichtbesitzende, Kapitalisten und Proletarier, Unternehmer und Arbeiter trennt, hat sich geschlossen.

Was hat diese Regeneration der Gesellschaft bewirkt? Eine eigentümliche gesellschaftliche Gestalt des Wirtschaftens — das griechische Wort für Gestalt lautet: „Idee" —, die Idee also der Z u s a m m e n a r b e i t, des A u s g e h e n s vom Bedarf und der Rückvergütung des aus gemeinsamem Wirtschaftsbetrieb vom Mitglied als Käufer erzielten Überschusses an dieses Mitglied als Miteigentümer am gemeinsamen Werk. Diese „Idee", der Keim einer von der „kapitalistischen" grundsätzlich verschiedenen Ordnung der Wirtschaft, wirkt ganz unreflektiert und in einer gänzlich untheoretischen Weise in dem praktischen Handeln der „Pioniere", wie immer dieses Handeln in jedem einzelnen je für sich motiviert sein mag und welche gedanklichen Anregungen in der Gemeinschaft der Pioniere zusammengeflossen sein mögen. Der schöpferische Gedanke ist ein einziger, geschlossener, seine Träger verbindender und aktivierender. Er ist das Prinzip einer eigentümlichen Grundgestalt des gesellschaftlichen Aufbaues der Wirtschaft. Seine Lebensgeschichte, die die Geschichte eines weit in die ganze Welt hinausgewachsenen Wirtschaftssystems geworden ist, würde erst die Geschichte jener „Pioniere" vollenden, aus deren Willenskraft, Energie und Treue er ursprünglich zur lebendigen Wirklichkeit werden konnte.

b) Der Ursprung konsumgenossenschaftlicher Wirtschaftsgestaltung im Werk der „Pioniere von Rochdale"

Will man die wirklich geniale Leistung der Rochdaler Pioniere recht würdigen, so hat man sich nicht nur die allgemeine Lage, in der sie sich befanden, mit all ihren sozialen und wirtschaftlichen Schwierigkeiten vor Augen zu halten, vielmehr muß man sich vorher den Punkt, an dem der Besserungsversuch der Pioniere ansetzte, genau klarmachen. Wo haben wir diesen Punkt zu suchen? Er liegt nicht in einzelnen, sei es „reformatorischen", sei es „revolutionären" „Forderungen", sondern in einer von der umgebenden Situation grundsätzlich verschiedenen Idee des Wirtschaftsaufbaues. Die „Pioniere" überwinden die Abhängigkeit ihrer gesellschaftlichen und damit auch wirtschaftlichen Lage, die sie zum Objekt des Erwerbswillens der Händler und Produzenten machte, dadurch, daß sie an der Stelle der Wirtschaftsherrschaft durch das Kapital einen demokratischen Aufbau vom Bedarf her errichten. Die letzten und bisher untersten Gebilde auch der kapitalistischen Wirtschaft, die Haushalte, bedienen sich der Formen der Erwerbswirtschaft, indem sie ihnen gemeinsam gehörende, ihrem Willen unterworfene Betriebe errichten, deren Zweck nicht der Erwerb, sondern die dienende Leistung für sie selbst ist. Diese so einfache und praktische Lösung ist nun darum genial zu nennen, eben weil sie eine ganz einfache, praktische und doch der Sache auf den Grund gehende ist.

Als fest gegebene Tatsache mußten die Pioniere einen Lohn ansehen, der sich in ihrer Zeit kaum steigern ließ. Hätten sie versucht, hier nach Besserung zu streben, so hätten sie sich auf das weite und in der damaligen Zeit sehr unsichere Feld der sozialen Revolution begeben müssen. Sie hätten es versuchen müssen, sich zusammenzuschließen, um durch einen Machtstreich Einfluß auf die Gestaltung der Lohnbedingungen zu bekommen, oder es wäre, etwa bei einem Streik, sehr unsicher gewesen, ob überhaupt eine Besserung ihrer Situation herausgekommen wäre. Im allgemeinen haben die englischen Arbeiter jener Zeit ihre Lage durch Streiks nur verschlechtert, und der unvermeidliche Ausfall an Arbeitslöhnen hat sie meist in ihrer wirtschaftlichen Existenz mehr geschädigt als irgendein Erfolg in der Lohngestaltung hätte bessern können. Die Pioniere wählten daher mit guten Gründen diesen Weg nicht. Sie wollten ihre Lage nicht verbessern, indem sie zuerst nach höheren Löhnen strebten, sondern suchten von ihrer eigenen Wirtschaftsführung aus ihr Schicksal tätig selbst vorteilhafter zu gestalten.

Bei ihrer Wirtschaftsführung sahen sie sich nun nicht nur einer festen Lohnhöhe gegenüber, sondern auch zwei andere entscheidende Posten in ihrer Wirtschaftsrechnung schienen zunächst ihnen fest gegeben. Diese beiden anderen Posten sind die gegebenen Bedürfnisse und die Preise für die Bedarfsgüter, mit denen diese Bedürfnisse gedeckt werden sollten. Wenn also alles Wirtschaften darin besteht, daß bestehende Bedarfe mit erworbenen oder selbst hergestellten Gütern gedeckt werden sollen, dann schien unter diesen Voraussetzungen die Lage der Pioniere hoffnungslos; denn mit ihren festen Löhnen konnten sie nur einen bestimmten, wiederum festen Teil von Bedarfsgütern einkaufen, und ihre Bedürfnisse konnten sie unter ein bestimmtes, ohnedies nicht hohes Maß nicht herunterdrücken. Ihre Wirtschaftstätigkeit schien also tatsächlich von diesen drei Seiten her durchaus festgelegt und in ihrem Erfolg von vornherein begrenzt.

Indessen gaben sich die Pioniere mit dieser Lage dennoch nicht zufrieden. Während sie ihre Löhne und damit das zur Verfügung stehende Wirtschaftsgeld nicht steigern konnten und während sie auch ihre Bedürfnisse, die meist nicht über das Maß der dringend lebensnotwendigen Dinge hinausgingen, nicht herabdrücken konnten, so entdeckten sie in der Gestaltung der Preise, denen sie sich bisher hatten fügen müssen, die letzte Möglichkeit, dem Schicksal in den Arm zu fallen. Solange sie sich damit abfanden, daß die Preise auf dem Markte vom Händler diktiert wurden, so lange bedeuteten auch diese Preise ein Stück eisernen Schicksals für ihre eigene Hauswirtschaft. Der Wagemut und das Vorwärtsstürmende, das berechtigt, diese Männer als Pioniere zu bezeichnen, bestand nun darin, daß sie an diesem letzten noch möglichen Punkt versuchten, die scheinbar unabänderlichen Tatsachen zu bezwingen und zum Angriff gegen die in höchstem Maß unsoziale und ungerechte Preispolitik überzugehen. Gerade an dem Punkt, an dem die Wirtschaftsfragen am wenigsten ihrem eigenen Willen und ihrer eigenen Initiative zu unterliegen schienen, an diesem Punkt versuchten sie, ihr Schicksal selbst in die Hand zu nehmen. Sie haben das ganz Unwahrscheinliche und im ersten Augenblick geradezu Unverständliche, wenn nicht gar unmöglich Scheinende gewagt und haben eben auf diese Weise einen völlig neuen Weg gewiesen zur Verbesserung der wirtschaftlichen Lage des Volkes und des wirtschaftlichen Schicksals gerade der Volksschichten, die damals den allergeringsten Einfluß auf ihr eigenes wirtschaftliches Ergehen hatten.

Man kann diesen Urbeginn der genossenschaftlichen Leistung sich auch noch anders klarmachen: Wirtschaften heißt, mit gegebenen Mitteln seine Bedarfe decken. Wer bestimmt in letzter Linie diese Bedarfe, wer bestimmt die Mittel, und worin liegt die Tätigkeit des Wirtschaftens? Die Bedarfe werden, sofern es sich um den Haushalt der einzelnen Familie handelt, bei den minderbemittelten Teilen des Volkes ganz überwiegend von den Notwendigkeiten der Natur bestimmt. Die Erhaltung des leiblichen Lebens steht im Vordergrund. Essen, Trinken, Beschaffung von Kleidern und Wohnung sind die ersten Notwendigkeiten der hauswirtschaftlichen Bedarfsdeckung. Sie sind so elementar und so schlechthin zwingend, daß man von ihnen nichts abstreichen kann, wenn man nicht die Existenz des Menschen selbst gefährden will. Andererseits stammen die Mittel für die Bedarfsdeckung bei jenen Menschen, die durch die Rochdaler Pioniere vertreten werden, ganz überwiegend aus dem Ertrag der Arbeit in der industriellen Produktion. Wenn auch die Tätigkeit und die aktiven Bemühungen der Menschen vorherrschend sich in ihrer Arbeit ausdrücken, so haben sie doch zunächst keinen unmittelbaren Einfluß auf das Ergebnis dieser Aktivität für ihr eigenes Wirtschaftsschicksal, d. h. auf den Lohn. Die eigentliche Wirtschaftsführung, das heißt die Deckung der Bedarfe, die Befriedigung der Bedürfnisse mit den durch den Lohn erworbenen Gütern, bleibt in der Regel passiv und abhängig, d. h. sie vollzieht sich in dem festen gegebenen Rahmen der nun einmal tatsächlich bestehenden Preise. Die wirtschaftende Hausfrau sieht sich den Preisen auf dem Markt als einer festen Tatsache gegenüber, an der sie nichts ändern kann und mit der sie sich daher von vornherein abfindet. Dies gilt in besonderem Maße noch dann, wenn etwa nur wenige kleinere Läden oder gar, wie es in der Zeit der Pioniere war, nur gewisse Verkaufsstellen, die der Fabrikant selbst unterhielt, zum Einkauf zur Verfügung stehen. Das eigentliche Wirtschaften, d. h. das Beschaffen der Bedarfsgüter für die Bedarfsdeckung auf dem Wege des Einkaufs, scheint eine Tätigkeit zu sein, die nur eine sehr geringe Aktivität erlaubt und nur einen geringen Spielraum für selbständige Initiative läßt. Die Hausfrau kann zwar in begrenztem Maße sich die Ware auswählen oder sich zwischen einzelnen Läden entscheiden, grundsätzlich bleibt sie aber auf die gegebenen Einkaufsmöglichkeiten beschränkt und muß sich mit ihnen abfinden. Ihre Tätigkeit besteht darin, daß sie ihr Wirtschaftsgeld möglichst vernünftig ausgibt. Auf die Auswahl dessen, was ihr bei diesem Einkauf zur Verfügung steht und auf die Richtlinien bei der Beschaffung von Waren, die sie nachher in ihren eigenen Haushalt durch den Einkauf übernimmt, steht ihr kein Einfluß zu. So schien und scheint das Wirtschaftsschicksal des kleinen Haushalts, der mit begrenzten Mitteln auskommen muß, von vornherein in einen ganz engen und unabänderlichen Rahmen eingespannt.

Und gerade diesen Rahmen, der wie eine eiserne Klammer das Leben jener Menschen umspannte, haben die Pioniere gesprengt. Sie haben an der Stelle, an der dem wirtschaftenden und einen Haushalt führenden Menschen nur eine geringe Selbständigkeit und keine Aktivität zuzukommen schien, die größte Aktivität und das höchste Maß an freier Wirtschaftsentscheidung entwickelt. Man hat sich nicht damit abgefunden, daß zu dem festen Lohn und zu den gegebenen Bedürfnissen auch eine vorweg schon feststehende und nicht abzuändernde Gestaltung der Preise und der Qualität der Waren hinzukam, sondern man hat versucht, gerade an diesem Punkt den eisernen Ring des wirtschaftlichen Schicksals zu zerbrechen. Dieses Unwahrscheinliche und Fernliegende und scheinbar

Unmögliche versucht zu haben und gerade mit diesem zunächst widersinnig aussehenden Versuch Erfolg gehabt zu haben, bleibt das Verdienst der Rochdaler Pioniere. Sie haben den Gedanken, durch Gemeinschaftsarbeit sich selbst zu helfen, aufgegriffen und haben dadurch die Genossenschaft aus einer Idee zu einer Wirklichkeit, aus einer gedachten Gestalt zu einem geschichtlichen Faktor gemacht.

Haben wir mit den bisherigen Ausführungen den Punkt festgelegt, an dem die Leistung der Pioniere ansetzte, so werden wir der Bedeutung ihrer Leistung erst dann gerecht werden, wenn wir uns klarmachen, wie von ihrem ersten Einsatz an die Rochdaler Genossenschaft nicht nur eine einzelne Aufgabe des Wirtschaftens gelöst, sondern prinzipiell und in neuer Weise einen demokratischen Wirtschaftsaufbau hergestellt hat. Dieser Wirtschaftsaufbau beginnt da, wo die letztverantwortliche Wirtschaftsführung überhaupt liegt: beim einzelnen Haushalt. Die kapitalistische Wirtschaftsauffassung, deren schlimmste Schäden in der Zeit spürbar wurden, in der die Pioniere ihre Tätigkeit begannen, ging nicht aus vom Haushalt, sondern von der Produktion. Die Folgen waren revolutionär. Während bis in den Anfang des 19. Jahrhunderts hinein der Lebensstandard des Volkes im großen und ganzen stabil war und die Bedarfsdeckung der Haushalte sich in einem festen gegebenen Rahmen bewegte, brachte das 19. Jahrhundert durch das riesige Fortschreiten der Technik eine Fülle von neuen Möglichkeiten der Bedarfsdeckung und sprengte praktisch die überkommene Ordnung der Werte, damit zugleich die Grundlagen der bisherigen Wirtschaft. Ganz neue Bedarfe traten auf. Das Aufkommen der Industrie, die auf Grund der entdeckten technischen Möglichkeiten arbeitete, war nur möglich, wenn zuerst einmal die Bedarfe gedeckt wurden, für deren Deckung diese neue Industrie dann zu arbeiten hatte. Die Aktivität und Unternehmungslust der neuaufwachsenden Industrie war darüber hinaus darauf gerichtet, neue Bedürfnisse zu wecken, um durch die Befriedigung dieser Bedürfnisse den Absatz für die eigenen Produkte zu steigern. Der unternehmungslustige Kapitalist und in seinem Dienste der erfindungsreiche Ingenieur waren die treibenden Kräfte des ungeheuren wirtschaftlichen Aufschwungs, den jene Zeit erlebte. Das breite Publikum, die großen Schichten der Käufer und die Haushalte der Verbraucher waren Gegenstand einer eindringlichen propagandistischen Bearbeitung von seiten dieser neuen Industrie.

Sie waren zugleich aber in gewisser Weise auch ihr Opfer. Denn die Frage, was von den Haushalten gebraucht wurde, was die Käufer nötig hatten und was letzten Endes in vernünftiger Weise im Sinne der eingewöhnten Bedürfnisse hätte geschaffen werden müssen, war nicht der entscheidende Gesichtspunkt der neuen Industrie. Maßgebend wurde und blieb das Interesse des Kapitals, das sich seine Rente suchte. Natürlich konnte sich auf die Dauer eine solche „wilde" Produktion nicht halten; aber die schädlichen Folgen dieses Emporschießens der ungehemmten industrialistischen Wirtschaft waren schnell zu bemerken und schwer zu beseitigen. Es ist bekannt genug, wie in den Bezirken der bäuerlichen Kultur unendlicher Schaden dadurch angerichtet wurde, daß die Produktion billiger Fabrikwaren auf nahezu allen Lebensgebieten das bäuerliche Erbgut verdrängte und in den Bauernhäusern die Ansammlung abscheulichster Massenware an Möbeln, Stoffen usw. hinterließ. Was wirklich gebraucht wurde, war nicht die Frage, sondern es galt für rentable Produkte einen möglichst hohen Absatz um jeden Preis zu gewinnen. Dazu kam der Haushalt des Fabrikarbeiters in eine gefährdete Lage, wenn der Arbeiter gezwungen wurde, für seinen Lohn in dem von seinem Fabrikanten eigens eingerichteten Lebensmittelladen seine notwendigsten Bedarfsgüter ohne Rücksicht auf berechtigte Wünsche nach guter Qualität usw. einzukaufen (Trucksystem). Hier hatte sich das Produzenteninteresse auch der letzten Festung vernünftiger Hauswirtschaft und selbständiger Bedarfsdeckung bemächtigt, und die persönliche Haushaltführung des Arbeiters wurde statt zu einer eigenverantwortlichen selbständigen Aufgabe noch mit zum Tummelplatz kapitalistischen Verdienststrebens.

Das gesamte Wirtschaftsleben also wurde überwiegend von dem Interesse des Kapitals beherrscht. Die Wirtschaft stand nicht im Dienste der Bedarfsdeckung der Volksgesamtheit, sondern war eindeutig und einseitig danach ausgerichtet, vorhandenen Kapitalien neue Verdienstmöglichkeiten zu erschließen und alte Verdienstmöglichkeiten zu steigern. Daß nur auf diese Weise auch das industrielle Pioniertum jener Zeit möglich war, und daß nur so jener gewaltige industrielle Aufschwung zustande kommen konnte, dem wir unzählige Errungenschaften der neuesten Zeit verdanken, kann nicht bestritten werden. Es war aber ebenso eine zwingende Notwendigkeit, daß die übersteigerte kapitalistische Produktion mit ihrer Beherrschung des Verbrauchers vom Kapitalinteresse aus wieder in ein gesundes Verhältnis zu den wirtschaftlichen Interessen des Verbrauchs und des Bedarfs zurückgeführt wurde. Den entscheidenden Vorstoß gegen die Beherrschung des gesamten Verbrauchs durch die Industrie haben die Gründer der ersten Verbrauchergenossenschaften unternommen. Sie haben von der letzten Stellung aus, die die materialistisch denkende Industrie zu erobern begonnen hatte, den Kampf aufgenommen und haben schrittweise von hier aus für ihre persönlichen Bedürfnisse das gesunde Verhältnis von Produktion und Verbrauch wiederhergestellt, indem sie immer fortschreitend die Produktion in den Dienst an der Bedarfsdeckung zurückzuführen unternahmen.

Es liegt nahe, zu fragen, welches die letzten und entscheidenden Beweggründe menschlicher Art gewesen sein mögen, von denen die Pioniere zu ihrer Gründung veranlaßt wurden. Bei dem praktischen, aber vor allem auch moralischen und späterhin oft politischen Risiko, das die Mitglieder der Konsumgenossenschaften auf sich nehmen mußten, waren diese Motive, jedenfalls bei den führenden Persönlichkeiten, niemals nur eigensüchtig-praktische. Die Erfahrungen der konsumgenossenschaftlichen Praxis in hundert Jahren, namentlich in den nicht seltenen Krisensituationen, haben bewiesen, daß die genossenschaftliche Arbeit von Gemeinschaftsgesinnung getragen ist und daß alles, was an Organisation und Betrieben aufgebaut wurde, als ein Gemeinschaftswerk in seinem grundsätzlichen Charakter bewertet und infolgedessen als ein Gemeinschaftsbesitz der Genossenschafter auch mit zum Zweck der gemeinsamen Arbeit gemacht wurde. Nun kann einer solchen auf das Ganze gehenden Deutung trotzdem entgegengehalten werden, daß diese Gemeinschaftsgesinnung doch letzten Endes in egoistischen Beweggründen wurzelt; denn es sei nun einmal so, daß die Pioniere lediglich in ihrem eigenen Interesse und um sich selbst wirklich aus der größten Not zu helfen, zu ihrer Gründung gekommen seien.

Eine solche Formulierung darf man nicht ungeklärt lassen, denn sie ist geeignet, den eigentlichen Sinn der genossenschaftlichen Arbeit falsch erscheinen zu lassen. Ganz gewiß ist es so, daß die Notlage selbst die Menschen gezwungen hat, auf einen Ausweg zu sinnen. Entscheidend bleibt aber dies, daß der Ausweg aus der persönlichen Not in einer Gemeinschaftsleistung und in einem gemeinschaftlichen Werk, eben der Genossenschaft gesucht wurde. So sehr sie darauf bedacht waren, ihre persönliche Not zu überwinden und für sich selbst neue Lebensmöglichkeiten zu erschließen, so verbanden sie doch von vornherein mit einem gesunden Selbsterhaltungsstreben eine echte Gemeinschaftsgesinnung. Sie wollten nicht für sich allein, sondern zugleich für alle eine Lösung der sozialen Fragen auf wirtschaftlichem Gebiet erreichen. Dabei spielt es gar keine Rolle, ob ihnen die ganze Tragweite ihres Vorstoßes schon vollkommen bewußt war. Viele schöpferischen Bewegungen im Zusammenleben der Menschen entspringen aus einem Wollen und Suchen, das zunächst seine eigenen Auswirkungen und Folgen nicht voll überschaut. Entscheidend bleibt, ob dieses Wollen am richtigen Punkt ansetzt. Nur dann kann es wirklich zu einer breiten Wirkung gelangen. Diesen Punkt haben die Pioniere gefunden, indem sie bei den letzten und entscheidenden Grundlagen der Wirtschaft, nämlich bei der Hauswirtschaft, begannen, und sie haben ihr Werk verwirklichen können von diesem Punkt aus, indem sie eine innerlich feste Verbindung von Eigenstreben und Gemeinschaftsgeist fanden. Mögen ganz gewiß in jedem einzelnen von ihnen die Triebkräfte der Selbsterhaltung und des Ichwillens wirksam gewesen sein — die Richtung, die diese Kräfte genommen haben, das Ziel, in dessen Dienst sie traten, und das Werk, das sich aus ihnen aufbaute, sind ganz und gar nicht egoistisch und eigensüchtig im schlechten Sinne geworden. Von vornherein sollte niemand ausgeschlossen sein vom Nutzen dieses Werkes, und der Pioniergeist strebte danach, allen das Wertvolle dieser Leistungen zugute kommen zu lassen, statt durch die eigene genossenschaftliche Arbeit nur sich selbst Vorteile zu verschaffen.

Der Aufbau der genossenschaftlichen Arbeit ist so, daß er grundsätzlich nicht in den Konkurrenzkampf der kapitalistischen Industrie eingreifen wollte. Die genossenschaftliche Arbeit will die einfachsten Notwendigkeiten der Lebensführung und des Haushalts im Dienste der Bedarfsdeckung als Richtmaß nehmen und das wirtschaftliche Leben unter diesem Gesichtspunkt aufbauen. Kommt es dabei so, daß eine günstigere Preisgestaltung möglich ist, als sie bisher auf dem freien Markt zutage trat, so will die Genossenschaft damit nicht in eine Konkurrenz zum Handel treten, sondern sie will den tatsächlichen Beweis erbringen dafür, daß die Preise günstiger gestaltet werden können. Die Genossenschaft unterbietet nicht den Preis des Händlers, sie zeigt nur, welcher günstigere Preis noch möglich ist, ohne daß die Verteilung zugrunde geht. Dadurch, daß nur an eigene Mitglieder zu diesem Preise die Waren abgegeben werden, fällt der Konkurrenzgedanke fort, denn die Nichtmitglieder könnten ja, auch wenn sie wollten, zu diesen niedrigeren Preisen nicht kaufen. Es wird also der Handel nicht bekämpft, sondern er wird allenfalls durch das Beispiel angeregt, seine Preisgestaltung so sehr als möglich auch nach den Notwendigkeiten des Haushalts auszurichten, und schließlich wird auch er bei einer grundsätzlich für den Käufer möglichst günstigen Preisgestaltung durch einen höheren Umsatz wieder den Gewinn davon haben können. Die Absichten der Pioniere waren also friedlich-aufbauender Art, und ihre Wirkung auf die Gestaltung der Preise im Marktverkehr war keine konkurrenzmäßig unterbietende.

Wenn es zuweilen irrtümlich so aufgefaßt wird, als habe die verbrauchergenossenschaftliche Arbeit die Preise auf dem Markt unterbieten wollen, dann will man natürlich die Eigenherstellung lebensnotwendiger Waren und Verbrauchsgüter durch die Genossenschaft, zu der die Pioniere mit einem zweiten Schritt übergingen, erst recht als eine Maßnahme des Konkurrenzkampfes ansehen. In Wirklichkeit zeigt die Art, wie die Genossenschaft von Rochdale etwa zu ihrem Mühlenbetriebe gekommen ist, eindeutig, daß es sich um dieselbe friedliche und aufbauwillige Gesinnung handelt. Wenn ein unfriedlicher Geist im Wirtschaftsleben herrschte, dann war er auf Seiten der Händler, die ihre ungerechtfertigten Gewinne durch das sachliche und beispielgebende Werk der genossenschaftlichen Arbeit gefährdet sahen. Der Sinn und der Zweck der Eigenbetriebe liegt darin, daß man eine demokratische Ordnung im Wirtschaftsaufbau auch in dem Bereich der Produktion hergestellt hat; denn bei aller Wirtschaft im Dienst des Volkes sollen das erste die Bedarfe sein, das zweite die Deckung der Bedarfe nach den gegebenen Möglichkeiten, und als drittes stehen im Dienste dieser Bedarfsdeckung die Herstellung und alle wirtschaftlichen Betriebe. Im demokratischen Wirtschaftsaufbau regiert daher der Bedarf, der unter Berücksichtigung aller gegebenen Möglichkeiten gedeckt werden soll. Es war eine durchaus andersgerichtete Entwicklung, wenn die industrielle Produktion sich von der Bedarfsgestaltung loslöste und den Markt selbständig beherrschte. Gegen diese wandten sich die Genossenschafter, indem sie im Dienste der eigenen Bedarfsdeckung sich selbst ihre notwendigsten Betriebe schufen. Ein besonderer Anlaß war außerdem hierfür die Weigerung von Großhändlern oder Mühlenbesitzern, an die Genossenschaft zu liefern, weil sie für den eigenen Geschäftsgang von anderer Seite her Schwierigkeiten befürchteten. Wenn sie mit den Genossenschaften durch unfriedliche Vorgänge in Berührung kamen, so gingen diese nicht von den Genossenschaften aus, sondern von den interessegebundenen Vertretern einer Produktion und Verteilung, die den Bedarf und damit das ganze Leben zugunsten eines reinen Kapitalinteresses beherrschen zu dürfen glaubten.

Wie wenig die echte genossenschaftliche Gesinnung in den Erwerbskampf eintreten wollte, zeigt sich darin, daß das allgemeine geistige Interesse und die Pflege menschlicher Gemeinschaftsgesinnung von Anbeginn ein wesentlicher Bestandteil des Genossenschaftslebens war. Es ist eine außerordentliche Leistung, wenn schon die ersten Genossenschafter von ihren mühsam aufgebrachten Erübrigungen, die sie sich durch vernünftiges Wirtschaften einsparen konnten, einen Teil für kulturelle Zwecke bestimmten. Wer bereit ist, für kulturelle Zwecke Geld zu opfern, dem ist es damit bestimmt ernst, vor allem wenn er dieses Geld nur mühsam zusammenbringen kann. Darüber hinaus zeigt diese Seite des Aufbaus der Rochdaler Pionierarbeit, soweit er aus ihren Grundsätzen heraus entspringt und begriffen werden kann, den demokratischen, wirtschaftsfriedlichen und kulturfördernden Charakter der Genossenschaftsarbeit. Versucht man, sich die Richtlinien klarzumachen, von denen die Rochdaler Genossenschafter sich leiten ließen, so wird man zu der Tatsache geführt, daß die eigentliche letzte Ausrichtung in bestimmten Idealen des Zusammenarbeitens und der Gemeinschaftsleistung liegt, von denen aus erst die genossenschaftliche Bedarfsgüterverteilung wirklich verstanden werden kann.

1. Die Rochdaler Genossenschafter wollten sich aus einer sie alle hart betreffenden Not selbst heraushelfen. Sie strebten nach einer gemeinschaftlichen, aufbauenden Befreiung von dem übermäßigen wirtschaftlichen Druck, der auf ihnen lastete. Es wurde ein Zusammenleben ins Auge gefaßt und ein Zusammenarbeiten organisiert, bei dem das gemeinsame Beste erreicht wird durch das persönliche Streben jedes einzelnen und bei dem dem einzelnen Menschen geholfen wird dadurch, daß er sich in ein gemeinsames Werk einordnet. Diesen inneren Zusammenhang persönlichen Strebens und gemeinschaftlicher Gesinnung können wir als den ersten Grundsatz festhalten.

2. Das Zusammenleben und Miteinanderwirken der Rochdaler Pioniere will nicht nur einer Erhaltung des Daseins dienen, sondern ist ausdrücklich auf eine Besserung der Lebenszustände und auf eine Erhöhung des Lebensstandards gerichtet. Während Wohltätigkeitsbestrebungen in der Regel nur darauf bedacht sind, bestehende schlimmste Nöte zu beseitigen und die Menschen in erträglicher Weise am Dasein zu erhalten, greift der Aufstiegswille der genossenschaftlichen Selbsthilfe in Rochdale entschlossen weiter in die Zukunft hinaus. Man wollte nicht nur augenblicklich herrschende Schwierigkeiten beseitigen, sondern plante in kühner Weise einen sozialen Aufbau, der für die Zukunft eine ständig wachsende Möglichkeit zur Verbesserung des eigenen Lebensschicksals bot. Diese innere bewegende Kraft und der Wille, sich und den Schicksalsgenossen ein menschenwürdiges Dasein zu schaffen, bedeutet das zweite Prinzip.

3. Die wirtschaftlichen Ziele, die man sich zunächst stellte, waren nicht der abschließende Zweck der genossenschaftlichen Gründung. Wenn man auch vor allem aus der Not des gegenwärtigen Wirtschaftsschicksals herauskommen wollte, so behandelte man dabei zugleich von vornherein die wirtschaftlichen Leistungen als Mittel, um ein kulturelles Werk aufzubauen, das weit über wirtschaftliche Zielsetzungen hinausgreifen sollte. Die Rochdaler Pioniere wollten Anteil gewinnen an den geistigen und sittlichen Gütern der Literatur und Wissenschaft. Sie bestimmten von vornherein einen Teil ihres Ertrags, der ohnehin nicht hoch war, für kulturelle Zwecke. Sie begründeten eine Bücherei, die sehr bald einen schönen Erfolg aufzuweisen hatte. In diesem Streben, die wirtschaftliche Arbeit in den Dienst der Kulturarbeit zu stellen, liegt das dritte wesentliche Motiv der Rochdaler Gründung.

4. Auch das wirtschaftliche Arbeiten an und für sich bewerteten sie bereits als ein Stück menschlicher Erziehung. Sie stellten die Wirtschaft nicht nur in den Dienst geistiger Zwecke über der Wirtschaft, sondern sie sahen in der wirtschaftlichen Tätigkeit selbst bereits erzieherische, menschliche und sittliche Aufgaben. Diese Aufgaben waren gegeben in der Erziehung zur Mitarbeit, zum wirtschaftlichen Denken und zu allen Pflichten sozialer und anständiger Gesinnung, die eine demokratische Wirtschaftsführung verlangt. Wirtschaftliche Tätigkeit als erzieherische Beeinflussung

des schaffenden Menschen ist die vierte Entdeckung der Rochdaler Weber.

5. Mit der Einsicht in die notwendige menschliche Ausrichtung des Genossenschafters verbindet sich eine hohe Bewertung der menschlichen Persönlichkeit. Die Rochdaler traten aus freiem Entschluß zusammen und mußten daher von vornherein lernen, die Persönlichkeit im Nebenmann zu achten. Die Rochdaler Gründung führte freie Männer zu einem gemeinsamen Werk zusammen und war daher das Gegenteil von einer mehr oder minder zwangsmäßigen organisatorischen Zusammenfassung von Menschen. Persönliche Achtung voreinander und der freie Wille zu guter Gemeinschaftsarbeit sind unumgängliche Erfordernisse einer solchen wirklich genossenschaftlichen Arbeit. Daraus leitet sich auch die Notwendigkeit her, die persönlichen Überzeugungen religiöser und sonstiger Art beim Nebenmann gegenseitig zu achten und das Gemeinschaftswerk von der Vorherrschaft der einen oder anderen Überzeugung freizuhalten, das heißt „neutral" zu sein.

6. Die letzte und wohl am meisten charakteristische Ausprägung findet dieser Geist gemeinschaftlichen Zusammenwirkens darin, daß jeder einzelne als Persönlichkeit und als Mensch unabhängig von seinem Besitz an dem Werk beteiligt ist. Um den persönlichen Wert jedes einzelnen Genossenschafters zur Geltung kommen zu lassen, hat man es von vornherein ausgeschlossen, daß durch eine größere kapitalmäßige Beteiligung einer der Genossenschafter die Übermacht gewinnen kann und damit die anderen der Mitwirkung und persönlichen Entscheidung berauben könnte. In gleicher Weise wird der Grundsatz persönlicher Mitwirkung jedes einzelnen bestätigt dadurch, daß auch der erwirtschaftete Betrag der Genossenschaft nach dem persönlichen Anteil jedes einzelnen, das heißt nach dem Umsatz festgelegt wird. Dieser vielleicht wichtigste Grundsatz von Rochdale, die Rückvergütung nach dem Maßstab der für den genossenschaftlichen Aufbau durch Inanspruchnahme der genossenschaftlichen Einrichtungen beigetragenen Leistung erklärt sich zuletzt aus der hohen Bewertung der persönlich verantwortlichen und freien Mitarbeit jedes Genossenschafters am Gemeinschaftswerk. Er ist zugleich die einfachste, gerechteste und der gemeinsamen Idee am sinnfälligsten Ausdruck verleihende Lösung der Frage, wie im Betrieb erübrigtes Kapital auszuschütten sei.

Alle diese Grundsätze sind durchaus frei von jedem „kollektivistischen“ Einschlag, denn der einzelne Mensch tritt mit seinem freien und selbstverantwortlichen Wollen in die Gemeinschaftsarbeit hinein und hat genau so viel Anteil an dieser Arbeit, als er selber zu diesem Werk beiträgt. Die dabei vorherrschende Grundüberzeugung vom Wert des Menschen und seines guten Willens zeigt, daß diese Grundsätze nicht auf Erwerbsegoismus zurückgeführt werden dürfen. Ihre Bewährung durch hundert Jahre hindurch und ihre Erfolge zeigen, daß ihr Idealismus keineswegs „unpraktisch“ ist, sondern, daß er gerade allein eine wahrhaft menschenwürdige, kultivierte und dabei auf die Dauer erfolgreiche „Praxis“ in der Wirtschaft begründet.

c) *Aus Holyoakes Geschichte der Genossenschaft in Rochdale.*

Die Weber eröffnen ihre Verteilungsstelle.

„Vor fünfzehn Jahren war die Krötengasse in Rochdale keine einladende Straße. Sie führte ihren Namen nicht mit Unrecht. Ein Erdgeschoß eines Lagerhauses in der Krötengasse war der Ausgangspunkt des Pionierunternehmens. Lancashires Lagerhäuser waren damals noch nicht so großartig wie heute, und die Pioniere konnten das Erdgeschoß im Gebäude des Herrn Dunlop für 10 Pfund Sterling jährlich auf drei Jahre mieten. Wilhelm Cooper wurde zum »Kassierer« ernannt, dessen Aufgaben in jener ersten Zeit sehr leicht waren. Samuel Ashworth wurde mit dem Amte des »Verkäufers« betraut. Sein Warenlager bestand aus kleinsten Mengen »Mehl, Butter, Zucker und Hafergrütze«. Das ganze Quantum hätte kaum einen homöopathischen Kolonialwarenladen gefüllt; denn nach dem Kauf und der Bezahlung der notwendigsten Einrichtungsgegenstände blieben den Pionieren kaum 14 oder 15 Pfund für ihr Warenlager.

Und so begannen an einem trübseligen Abend — es war der längste im Jahr — am 21. Dezember 1844 die »Redlichen Pioniere« ihr Geschäft. Die wenigen, die sich dieses Anfangs erinnern können, schauen angesichts ihres heutigen großen Reichtums und Erfolgs lächelnd auf diesen außergewöhnlichen Eröffnungstag zurück.

Einige wenige Genossenschafter hatten sich ganz heimlich versammelt, um an der Eröffnung ihres eigenen Geschäfts teilzunehmen. Und so standen sie da in dem niedrigen, finsteren Raume des Lagerhauses und beratschlagten, wer der

Verwegene sein sollte, der die Läden öffnen und so ihr bescheidenes Unternehmen zur Schau stellen sollte. Der eine scheute sich, die Läden zu öffnen, der andere scheute sich, gesehen zu werden, wenn sie geöffnet würden. Hatten sie aber A gesagt, mußten sie auch B sagen. Schließlich riß ein kühner Geselle, dem die Folgen ganz egal waren, die Läden auf, und wenige Minuten später schüttelte sich die Krötengasse vor Lachen.

Lancashire hat seine Gassenjungen so gut wie Paris. Jede Stadt hat ihre typischen Gassenjungen, welche einen ausgesprochenen Sinn für alles Lächerliche haben. Die »Spuljungen« sind die Gassenjungen von Rochdale. Die »Spuljungen« sind Jungen von 10 bis 15 Jahren, welche die vollen Garnspulen von den Spindeln nehmen und leere darauf tun. Wie der Dampf zur Maschine, so gehören sie zum unentbehrlichen Zubehör der Fabriken. Sind sie nicht da, so müssen die Arbeiter feiern, und oft, wenn die Arbeiter gern einen Feiertag hätten, wird den »Spuljungen« das bald durch gewisse, in der Fabriksprache gebräuchliche Zeichen beigebracht, und dann läuft die ganze Bande in Massen von der Arbeit. Selbstverständlich müssen dann die Arbeiter so lange feiern, bis die Taugenichtse zu ihrer Pflicht zurückkehren.

Am Abend der Eröffnung unseres Genossenschaftsladens kamen die »Spuljungen« in Massen in die Krötengasse. — Mit höhnischer Frechheit spähten sie in alle Winkel, stellten sich vor die Ladentür, musterten mit größter Unverschämtheit die magere Ausstellung von Butter und Hafergrütze und gaben so laut wie möglich ihre Meinung zum besten. Schließlich schrieen sie im Chor: »Ha! Endlich machen die tollen Weber ihren Laden auf!«

Seit jener Zeit haben zwei Generationen von »Spuljungen« ihre Butter und Hafergrütze im Laden der »tollen Weber« gekauft. Manches reichliche und gesunde Essen hätte niemals ihren Magen gefüllt und manche warme Jacke ihre Blöße bedeckt, hätten nicht die Genossenschaftsweber ihren tollen Streich gemacht"[24]).

Die große Mühlenkrise der Rochdaler Pioniere.

„Gegen Ende 1850 erscheint in unserer Geschichte eine neue Genossenschaft, die »Getreidemühlengenossenschaft für den

[24]) Holyoakes „Geschichte der Rochdaler Pioniere", bearbeitet von R. Schloesser, Köln 1928, S. 68 f.

Rochdaler Bezirk«. Eine gleiche Genossenschaft hatte schon lange Zeit in Leeds bestanden; ihre Geschichte wäre eine interessante Bereicherung der genossenschaftlichen Literatur. Die Rochdaler Getreidemühlengenossenschaft, die in dem Wirtshaus »Elefant und Schloß« in der Manchester Straße gegründet wurde, hatte ihre Hauptstütze in der Konsumgenossenschaft der Pioniere. Da die Vorsteher mit dem Geschäft nicht vertraut waren, mußten sie sich zum großen Schaden der Mühle auf andere Leute verlassen. Unsere »Redlichen Pioniere« hatten 400 bis 600 Pfund Sterling in Form von Geschäftsanteilen in die Mühle gesteckt.

1851 fingen sie an, der Getreidemühlengenossenschaft auf Rechnung der von dieser zu liefernden Waren Kredit zu gewähren. Leider aber war diese Ware — nämlich Mehl — von geringer Qualität. Es hatte das zwei Ursachen. Erstens war die Mühlengenossenschaft, die nicht genug Kapital hatte, gezwungen, dort zu kaufen, wo sie Kredit erhielt, anstatt da, wo es das beste Getreide gab. Da sie so in der Hand ihres Kreditgebers war, mußte sie auch öfter eine geringe Qualität zu hohem Preise nehmen. Zweitens verstand der Obermüller seine Sache nicht. Die Genossenschaft der redlichen Pioniere hatte beschlossen, ihr Mehl ausschließlich von der Mühlengenossenschaft zu beziehen. Als das Mehl nun schlechter ausfiel als das bisher gekaufte, ging der Absatz in diesem Artikel zurück. Das ist leider auch eine der Ritzen in den Schutzmauern volkstümlicher Einrichtungen, durch die der Egoismus der menschlichen Natur pfeift: Wenn jemand etwas teurer bezahlt als sein Nachbar, so ist das natürlich eine Steuer, die er sich da auferlegt, doch muß jeder, der eine öffentliche Bewegung unterstützen will, darauf gefaßt sein, daß solche Anforderungen an ihn gestellt werden.

Als die Käufer in der Konsumgenossenschaft die Getreidemühle nicht mehr unterstützten, als sie sich weigerten, das Mehl zu kaufen, brach in der Mühlengenossenschaft eine Krise aus. Zu Ende des dritten Vierteljahrs 1851 hatte die Getreidemühle einen Verlust von 441 Pfund Sterling. Das rief bei den Pionieren große Bestürzung hervor, und man fürchtete, infolge der Geldeinlagen bei der Mühle mit in deren Sturz verwickelt zu werden. Es gingen sogar schon dunkle Gerüchte, daß die Genossenschaft der Pioniere zusammenbrechen würde. Einige Mitglieder verlangten, daß die Verbindung mit der Getreidemühle aufgegeben werde. Andere schlugen vor, zur Deckung des Verlustes von jedem Mitglied der Konsumgenossenschaft ein Pfund Sterling einzuziehen und sich dann von der Mühle zurückzuziehen. Da aber die Mühlengenossenschaft ihre Versammlungen im Hause der Pioniere abhielt, und ihre führenden Persönlichkeiten gleichzeitig der Konsumgenossenschaft angehörten, meinte Herr Smithies, daß das Ansehen der Konsumgenossenschaft der Pioniere leiden würde, wenn sie sich geschlagen erklärten. Er bestand energisch darauf, daß, wenn man nicht auch fernerhin zusammenhalten wolle, man den Namen »Pioniergesellschaft« aufgeben müsse. — Wäre die Mühle damals unter den Hammer gekommen, so hätten sich nicht einmal 10 Schillinge je Pfundanteil ergeben.

Hier konnten die Mitglieder ihr Vertrauen zur Genossenschaft beweisen, und man hatte sich nicht in ihnen getäuscht. Einige brachten alles, was sie an barem Geld auftreiben konnten, um zur Bekämpfung der Schwierigkeiten beizutragen. Nur wenige — und das kommt ja immer bei solchen Gelegenheiten vor — machten nicht mit. Unter den ersten, die sich bei der Vermeidung des Zusammenbruchs auszeichneten, muß Abraham Greenwood genannt werden. Seine treue und stete Hingabe an die Genossenschaftssache kostete ihn seine Gesundheit, fast sein Leben.

Wie sehr das Schicksal der Pioniergenossenschaft von der Ehrlichkeit ihrer Beamten abhing, konnte man an dem Mißerfolge der Getreidemühle sehen, der durch Charakterfehler einiger ihrer Beamten verursacht worden war. Ein Müller ging zum Getreidekauf anstatt nach Wakefield stets nach Manchester. Von dem dortigen Händler erhielt er nämlich eine Provision für sich persönlich, und die Genossenschaft hatte den Schaden davon. Der erste größere Verlust der Mühle ist wahrscheinlich dadurch entstanden. Der zweite Müller hatte eine Schwäche für Grog. Sein Nachfolger unterdrückte gern Anwandlungen von Wahrheitsliebe. So kamen die Geschäfte der Mühle durch den Mann, der nicht wissen wollte, was er tat, und den, der nicht wußte, was er sagte, in nicht geringe Verwirrung.

Ein anderer unter den Arbeitern sehr verbreiteter Irrtum machte die Verwirrung noch größer. Die Genossenschafter glaubten, Ersparnisse zu machen, wenn sie ihre Bücher von ehrenamtlichen Buchhaltern (welche untereinander abwechselten) führen ließen. Die Bücher waren deshalb auch total verpfuscht und nicht zu gebrauchen. Dieses Durcheinander kostete zwar nichts, war aber unentwirrbar und erhöhte noch die Bestürzung über den Stand der Dinge. — Die Vorsteher handelten, sobald sie die Lage überschaut hatten, mit geschäftlicher Klugheit und Energie. Der schlechte Verwalter wurde entlassen. A. Greenwood, der Präsident der Genossenschaft, übernahm seine Stelle. Ein besoldeter Buchhalter wurde angestellt. Man begann auch mit Abzahlung der Schulden in kleinen Raten. Da traf die Genossenschaft ein neues, unerwartetes Mißgeschick. Eines Morgens verbreitete sich in der Stadt die Nachricht von der gerichtlichen Beschlagnahme der Mühle, zum Entsetzen der sich abmühenden Genossenschafter und zur heimlichen Freude aller Verkünder des Zusammenbruchs, die es nicht unterlassen konnten, sich vergnügt darüber die Hände zu reiben. Der Besitzer der Mühle, von dem sie gepachtet war, hatte dem Grundherrn keine Pacht gezahlt, und so hatte dieser wegen des für drei Jahre rückständigen Pachtbetrages von 100 Pfund Sterling, für welche die Genossenschafter gar nicht aufzukommen brauchten, die Mühle beschlagnahmen lassen. Auch dieser Feind wurde rechtzeitig in die Flucht geschlagen — die Beharrlichkeit siegte, und allmählich machte eine Rückvergütung von 4 Pence bis zu einem Schilling auf das Pfund Sterling den Verlust der 450 Pfund Sterling wieder wett. Die Tage tatsächlichen Überschusses brachen an"[25]).

Besserung der sozialen Lage.

„Vielleicht ist niemals ein für das Volk wertvollerer Ausspruch getan worden als folgende Worte John Stuart Mills: »Wenn es in Europa überhaupt jemals eine Zeit gegeben hat, in der ein Leben der Entbehrung eine gewisse Aussicht hatte, aus den Menschen bessere Arbeiter oder zivilisierte Wesen zu machen, so ist sie schon lange vorüber.« Dieser Ausspruch nimmt jener sozialen Gleichgültigkeit, jener Gefühllosigkeit für die Lage der Arbeiter, durch welche so manche Bestrebungen zur Abhilfe der Not gehemmt worden sind und noch gehemmt werden, den letzten Schein von Berechtigung. Die Reichen Englands als Klasse sind heute im allgemeinen wohl weniger träge und sinnlich als die Armen. Reichtum und damit die Mittel zu körperlichem Wohlbehagen haben ihnen nicht den Unternehmungsgeist geraubt. Nicht Entbehrungen, sondern Künste, Bildung und hohe Kultur sind die Triebkräfte, die sie bewegen, die sie interessieren und die sie voll und ganz erfüllen. Ein neuer Stolz erfüllt sie, und sie be-

[25]) A. a. O., S. 91 ff.

kommen das erhabene Bewußtsein, im Besitz edlerer Kräfte zu sein als derjenigen, welche die Armut vorheuchelt. So werden sie auf Lebensbahnen geführt, die sie nie erstrebt und nie erträumt hätten. Wenn diese Wahrheit der großen Masse verständlich geworden ist, wenn es nicht länger ein Artikel ihres Glaubensbekenntnisses ist, daß »Entbehrung« die einzige Triebfeder zur Arbeit sei, dann wird die Sozialpolitik unserer leitenden Staatsmänner eine andere werden und die systematische Hebung der Lage des Volkes beginnen ...

Die bleichen, verkümmerten, in heißer Luft gedörrten Fabrikarbeiter von Hyde brauchen, trotz ihrer 4 bis höchstens 14 Schillinge Wochenlohn, nicht ewig zu verzweifeln! Ihre Zeit naht! Wenn lange genug das schöne Geschäftshaus bewundert worden ist, wird sich die Aufmerksamkeit der Öffentlichkeit der Fabrik zuwenden. Sie wird sich auf die »Fabrikhände« richten und bald wird man beide bewundern, wenn sie sich bewundern lassen wollen. Und dann wird es keinem stolzen und reichen Fabrikanten gut anstehen, zu sagen: »Oh, ich habe schöne Räume zum Verkauf meiner Stoffe; aber für die Leute, die sie herstellen, sind dunkle, schmutzige, luft- und lichtlose Höhlen gut genug.« Der Tag wird kommen, an welchem kein Fabrikant des Nordens das gern sagt"[26]).

Genossenschaft bedeutet Erziehung zu höherer Wirtschaftsmoral.

„Unsere werdenden Genossenschafter entdeckten indes sehr schnell, daß sie ernstere Schwierigkeiten zu überwinden hatten als die Flegeleien der »Spuljungen«. Ihr geringes Kapital zwang sie, ihren Bedarf nur in kleinen Mengen zu decken, was sowohl dem Preis als auch der Qualität nicht sehr zum Vorteil gereichte. Dazu kam, daß manche ihrer Mitglieder bei den Kleinhändlern in Schulden waren und nicht wagen durften, ihre Lebensmittel in der Genossenschaft zu kaufen. Andere wieder vermochten, wie es in solchen Bewegungen immer vorkommt, die Zweckmäßigkeit, ihre eigenen Interessen zu fördern, nicht einzusehen, oder wurden durch das kleine Opfer an Bequemlichkeit und Zeit, welches sie bringen sollten, davon abgehalten. Es kam natürlich vor, daß die Waren von etwas geringerer Qualität waren, und zuweilen kosteten sie auch etwas mehr. Diese vorübergehenden und im Vergleich zu dem

---

[26]) A. a. S., S. 142/143.

angestrebten Ziele ganz unwichtigen Umstände schreckten oft Leute vom Kaufen ab, obwohl die Genossenschaft für ihr alleiniges Interesse errichtet war. Wenn auch der Mann seine Pflicht und Schuldigkeit einsah, so konnte er doch nicht immer seine Frau überzeugen. Wenn aber das Interesse der Frauen nicht voll und ganz für eine solche Sache gewonnen wird, so wird ihr Erfolg immer nur sehr beschränkt bleiben. Wenn die Frauen ein wenig Unbequemlichkeit mit in Kauf nähmen, hin und wieder über kleine Mängel beim Einkauf hinwegsähen und einen etwas weiteren Weg nicht scheuten — wenn sie zuweilen darüber hinwegkämen, ein wenig mehr zu bezahlen als beim nächsten Händler, dann würden die Genossenschaften überall gedeihen. Reine Qualität, gutes Gewicht, ehrliches Maß und anständige Bedienung, Kauf ohne zu feilschen, Verkauf ohne Betrug — das alles gewährt einem anständigen Menschen größere sittliche Befriedigung, als wenn er seine Lebensmittel anderswo eine Kleinigkeit billiger beziehen könnte.

Wie schwer ist es, schlechte Gewohnheiten auszurotten — und wie nachlässig sind wir Menschen darin, ihr Entstehen zu verhindern! Wenn wir Ehrlichkeit von den Verkäufern verlangen, so müssen wir auch ehrliche Käufer sein! Es ist müßig, den Verkäufer indirekt einen Betrüger zu schelten, solange der Käufer den Betrug fördert. Diejenigen Händler, die immer billiger als andere verkaufen wollen, müssen sich bewußt werden, daß sie dabei Gefahr laufen, unehrlich zu werden, stark zu feilschen oder auch sich zur Warenfälschung zu erniedrigen. Unsere kleine Genossenschaft wollte lieber die Moral im Geschäftsleben heben, als großen Gewinn erzielen. In dieser Beziehung hat die Genossenschaft ihre Mitglieder und Kunden auf eine höhere Stufe der Moral gehoben. Die ersten Mitglieder der Genossenschaft waren aber nicht alle empfänglich für die Grundsätze, und ihre Unterstützung war infolgedessen so gering wie ihr Wissen. Ein großer Teil von ihnen aber waren treue Genossenschafter und kamen von nah und fern herbei, um ihre Einkäufe in der Genossenschaft zu machen, ganz gleich, ob die Preise hoch oder niedrig waren, die Qualität gut oder weniger gut ausfiel; sie kauften, weil es ihre Pflicht war! Diese Männer ließen sich durch nichts beeinflussen. Die Frauen waren schließlich nicht weniger für das neue Unternehmen begeistert und zufrieden damit"[27]).

[27]) A. a. O., S. 71/72.

Borgen zerstört den Haushalt.

„Durch welche Eigenschaften wird es überhaupt einer armen Frau möglich, mit dem auszukommen, was sie hat? Die vornehmen Damen können es meistens nicht. Mancher Bankrott in London wurde durch diesen Mangel hervorgerufen. Die arme Frau aber, der jene Eigenschaft angeboren oder anerzogen ist, ist ein Schatz. Sie ist ein Beispiel dafür, was Überlegung und soziale Erziehung vermögen. Verheiratete Arbeiter können von den Schwierigkeiten erzählen, die sie überwinden mußten, um zu diesem Ziel zu gelangen. Die Kunst, mit dem auszukommen, was man hat, ist eine Begabung. Die Frau, die diese Gabe hat, wird mit einem Pfund Sterling in der Woche auskommen — die Frau, die sie nicht hat, bleibt mit 20 Pfund Sterling arm...

Gesunder Menschenverstand und weise Voraussicht sind unentbehrlich, um einen Haushalt in guten Zeiten (wo man es nicht nötig hätte) einzuschränken, damit er in schlechten Zeiten nicht eingeschränkt werden muß. Diese Eigenschaften besitzen gewiß viele Frauen, aber im allgemeinen sind sie so selten, daß man die Rochdaler Pioniere bewundern und ihnen Beifall zollen muß, weil sie es verstanden haben, viele Familien die Kunst zu lehren, ihre Schulden zu bezahlen und ihren Stolz darinzusetzen, sich weiterhin von Schulden freizuhalten“[28]).

Frieden zwischen Genossenschaft und Handel.

„Zuweilen wurden auch Händler ganz unnötig zu Gegnern gemacht. Ein Genossenschaftsredner sagte vielleicht in irgendeiner Versammlung: »Seht euch doch die großen Überschüsse der bedeutendsten Konsumgenossenschaften an: 20000 Pfund Sterling, 30000 Pfund Sterling, 40000 Pfund Sterling jährlich. Das ist alles dem Kleinhändler weggenommen.« Nicht so! Der größte Teil der Überschüsse entsteht dadurch, daß durch Zusammenfassung des Kapitals große Einkäufe und durch Zusammenfassung der Käufer große Verkäufe in den Genossenschaften ermöglicht werden. Die Überschüsse entstehen auch durch Wirtschaftlichkeit in der Verteilung, dadurch, daß weniger Läden, weniger Personal gebraucht werden, durch Vermeidung von teuren Anzeigen und teurer Ausstattung der Läden. Der Genossenschafter erzielt seinen Über-

[28]) A. a. O., S. 114/115.

schuß durch Vermeidung zu vieler Läden, hoher Miete und Steuern, unnützen Personals, durch Ersparung von Reklamekosten und überflüssiger Beleuchtung, durch Vermeidung von Ladenhütern und Verlusten an faulen Schuldnern.

Der Genossenschafter wird dadurch reich, daß er das aufliest, was der Händler hat fallenlassen. Dann erst greift er den eigentlichen Gewinn des Händlers an.

Die Genossenschafter sind auf dem Gebiete des Handels weiter nichts als Goldgräber, welche finden, was der Händler übersehen hat. Viele Händler quälen sich mit dem Gedanken an entgangenen Gewinn, den sie niemals hatten und niemals gehabt haben würden, auch wenn es niemals Genossenschaften gegeben hätte. Der Genossenschafter erzielt seinen Gewinn hauptsächlich durch ein überlegenes Wirtschaftssystem und durch die im Zusammenschluß liegende größere Wirtschaftlichkeit"[29]).

Toleranz in der Genossenschaft.

„Das große Wunder, welches unsere Rochdaler Genossenschafter vollbrachten, war, daß sie es verstanden, verschiedener Meinung zu sein, ohne uneinig zu werden, — sich zeitweise zu hassen und doch zusammenzuhalten. In den meisten Arbeitervereinen und auch in Vereinen anderer Gesellschaftsklassen findet sich eine Zahl sonderbarer Menschen, die anscheinend unter einem ungünstigen Gestirn geboren sind. Sie atmen gleichsam Feindseligkeit, Mißtrauen und Uneinigkeit aus, und ihre Stimme verkündet stets Streit. Sie sind sich ihres Fehlers nicht bewußt, sie meinen es gar nicht so schlimm, aber sie können nicht anders. Ihre Stimme ist krähend, und kein melodischer Sang wird jemals ihren Lippen entströmen. Ihr angeborener Grundton ist ein moralisches Gequake; niemals sind sie herzlich, niemals befriedigt. Ihre unruhigen Bewegungen zeigen »Meinungsverschiedenheit« an. Ihre herabhängenden Lippen verraten »Unzufriedenheit«. Ihr Mienenspiel stellt einen »Verbesserungsantrag« in Aussicht, und ihre gerunzelte Stirn kündet etwas ganz Neues an. Man möchte sie eine Art gesellschaftlicher Stachelschweine nennen, deren Stacheln sich ewig spreizen. Ihr Blick ist verquer; sie sehen alle Dinge umgekehrt an, sie stecken gleichsam alle Dinge ins Wasser, wo dann auch das Geradeste unzweifelhaft krumm erscheint. Sie wissen, daß man jedes Wort verschieden

[29]) A. a. O., S. 185 .

deuten kann und fassen die Worte immer gerade so auf, wie man sie nicht meint. Sie wissen, daß kein Plan, kein Entwurf so vollkommen sein kann, daß er alles berücksichtigt, und klammern sich stets an das, was darin vergessen ist, sie tun immer so, als ob sie nicht wüßten, was beabsichtigt ist. Scheinbar treten sie einem Verein bei, um an dem gemeinsamen Werke mitzuarbeiten; tatsächlich aber nur um zu tadeln, ohne zu versuchen, das besser zu machen, was sie kritisieren. Anstatt die Vorzüge des Vereins zu seiner Verteidigung anzuführen, erspähen sie alle seine Schwächen, um sie dem gemeinsamen Feinde zu verraten. Jeden lassen sie ihre ständige Unzufriedenheit spüren, bis ihre Gegenwart zur Plage wird und man das Gefühl hat, bei den Gegnern mehr Frieden und gegenseitige Achtung zu finden, als bei den Freunden. Sie prophezeien jedem so lange, daß die Sache schiefgehen wird, bis sie selbst wirklich jeden Erfolg vereitelt haben, und nun beanspruchen sie noch Anerkennung für ihre verräterische Prophezeiung und achtungsvollen Dank für ihre Hilfe, die zum Fallstrick geworden ist...

Die meisten Genossenschaften haben einige dieser »verdammt guten Freunde« unter sich. Gering an Zahl, sind sie doch unausrottbar, sie sind die Wegelagerer des Fortschritts, die jeden, der den Weg des Fortschritts einschlagen will, in Unruhe versetzen.

Die Rochdaler Pioniere wurden ganz gut mit ihnen fertig; sie nahmen sie auf, sie vertrugen sich mit ihnen, sie arbeiteten gemeinsam mit ihnen — arbeiteten trotz ihrer — betrachteten sie als unvermeidliche Anhängsel des Fortschritts, gönnten ihnen ein Scherzwort und ein Lächeln und gingen über sie hinweg"[30]).

Praktischer Idealismus.

„Die Armen sind schwer zufriedenzustellende und kritisch veranlagte Menschen. Sie wollen die Belohnung ihres Tuns Tag für Tag und Stunde für Stunde vor sich sehen. Der alte Plan, die Lebensmittel billiger zu verkaufen als die gewöhnlichen Händler und so den ganzen Nutzen auf Ermäßigung der Preise zu verwenden, hätte den Leuten wahrscheinlich mehr zugesagt. Doch fehlte ihm eine gesunde Grundlage, und so konnte er nicht von Dauer sein. Hätten Fehler im Einkauf oder Warenverderb eine Erhöhung des Preises notwendig ge-

[30]) A. a. O., S. 80/83.

macht, so wären die Mitglieder nicht wiedergekommen. Selbst wenn es der Genossenschaft gelungen wäre, die Preise niedrigzuhalten, wäre der Vorteil bei manchen Artikeln doch sehr winzig gewesen und soweit er das war, schwand auch sein Anreiz. Der ältere Plan, einen Preisaufschlag zu nehmen, den Überschuß aber nach Maßgabe der Kapitaleinlagen zu verteilen, hatte noch größere Nachteile. Die betreffenden Dividenden wurden abgehoben und verbraucht. Waren die Beträge groß, so war auch die Begeisterung groß. Gingen die Dividenden herunter, so sank auch die Unterstützung der Einleger auf Null und öfter noch tiefer — und die Genossenschaft löste sich dann auf.

Man fürchtete indes, daß ein Sparzwang und ein Zurückhalten der Überschüsse die Entwicklung der Genossenschaft aufhalten, die Mitglieder abschrecken und Unzufriedenheit hervorrufen würde. Zur Durchführung eines solchen Planes gehörten Idealisten, jene seltene Art von geduldigen Idealisten, die jahrelang auf Erfolg warten können. (Der Erfolg kann aber erst dann kommen, wenn sie ihre Nachbarn erzogen und auf ihr eigenes Niveau gehoben haben.) Glücklicherweise waren die ersten Rochdaler Genossenschafter wirkliche Idealisten. Es waren Leute, die den Mut hatten, in ihren Flanelljacken Träume von besseren Zeiten zu träumen, trotz des Elends ihrer Verhältnisse — bei stets drohender Lohnherabsetzung und im Angesicht des Armenhauses. Und trotz alledem nahmen sie den Plan an, der die Mitglieder zum Sparen zwang. So wurde der Gedanke, die Überschüsse anzusammeln, in Lancashire geboren"[31]).

Kulturwollen der Genossenschaft.

„Einer der feinsten Züge der Genossenschaft, welcher dem lebhaften Wunsch der Mitglieder, sich weiterzubilden, entgegenkommt, ist die Rücklage eines Teiles des Überschusses für Bildungszwecke. 2½ % von den vierteljährlich für die Verteilung vorgesehenen Überschüssen sowie die Strafgelder für Vergehen gegen statutarische Bestimmungen bilden einen besonderen Fonds, genannt Bildungsfonds: zur persönlichen Weiterbildung der Genossenschafter, zur Unterhaltung und Vervollständigung einer Bücherei und zur Beschaffung von sonst für zweckdienlich erachteten Bildungsmitteln"[32]).

[31]) A. a. O., S. 258.
[32]) A. a. O., S. 119.

„Für die Überschußverteilung der Rochdaler Pioniere besteht eine großartige Bestimmung, nämlich, daß 2½ % vom Reinüberschuß zu Bildungszwecken verwendet werden müssen. Diese schöne Bestimmung ist es, welche die Rochdaler Genossenschaft über den Durchschnitt hebt, welche ihr gutes Beispiel so wertvoll gemacht, welche ihr so viele Freunde und so viel Ehre brachte. Diese Bestimmung ist es auch, die sie davor bewahrte, von Narren und Unwissenden überrannt zu werden, die sie sonst längst vernichtet hätten, da ihrer Meinung nach Bildungsarbeit nichts einbringt. Diesen Standpunkt nehmen sie ein, weil sie selbst keine Bildung besitzen und nicht wissen, was Bildung bedeutet. Sie meinen, daß man bei Überschüssen auch ohne Wissen auskommen könne, wissen aber nicht, daß man ohne Wissen keine Überschüsse erzielen kann, weder bei Genossenschaften noch sonstwo"[33]).

2. Victor Aimé Huber: Genossenschaft und Arbeiterfrage

a) Lebenslauf Victor Aimé Hubers

Victor Aimé Huber wurde am 10. März 1800 in Stuttgart geboren und besuchte in Hofwyl die Erziehungsanstalt von Philipp Emanuel Fellenberg von 1806 bis 1816. Fellenberg war ein Anhänger Pestalozzis und Philanthrop. Auch Owens Söhne wurden bei ihm erzogen. Ab 1816 widmete sich Huber dem Studium der Geschichts- und Sprachwissenschaften in Göttingen und ging im Jahre 1820 nach Würzburg. 1821 reiste er nach Paris, wo er mit Alexander von Humboldt freundschaftlich verkehrte, den er durch seine Mutter, eine in ihrer Zeit berühmte Schriftstellerin, kannte. Er verließ noch im selben Jahre Paris und reiste durch Südfrankreich, Spanien und Portugal, 1823 nach Schottland und 1826 wiederum nach Paris. 1827 kam Huber nach Hamburg, anschließend daran fuhr er nach Göttingen und Bremen. In Bremen betätigte er sich als Lehrer an der dortigen Handelsschule. Im Jahre 1832 wurde Huber als Professor nach Rostock berufen und war seit 1834 Herausgeber der „Mecklenburgischen Blätter", in denen er seine politischen und sozialen Ideen von einem begrenzten Lebenskreis aus entwickelt und das Volksleben zur Grundlage seiner Gedankenbildung macht. Im Herbst 1836 verließ Huber Rostock und ging nach Marburg. Hier blieb er bis 1843 und folgte dann einem Ruf an die Berliner Universität. Er gab seit 1845

---

[33]) A. a. O., S. 237.

eine neue Zeitschrift heraus: „Janus, Jahrbücher deutscher Gesinnung, Bildung und Tat". Sie war gedacht als Gegenstück zu den radikalen „Halleschen Jahrbüchern" von Runge und vertrat eine konservative Weltanschauung. Mit dem Beginn der Revolution von 1848 sah sich Huber gezwungen, seine bisher sehr konservativ-monarchischen politischen Anschauungen zu überprüfen und abzulegen. Er zog jetzt aus den sozialpolitischen Erfahrungen seiner Reisen nach England und Frankreich seine Folgerungen ebenso entschieden gegen alle reaktionären Anschauungen der konservativen Kreise wie gegen die zerstörerischen Wirkungen des liberalistischen Industriekapitalismus. Von jetzt ab studierte er auch mit besonderer Anteilnahme und Eindringlichkeit die nach seiner Meinung für das Volksleben gefährliche Entwicklung, die der Liberalismus in der Arbeiterfrage in Deutschland herbeiführte. Er sah sich dabei im wachsenden Gegensatz zu den Formen, die die neuaufkommende Arbeiterbewegung und die Agitation Lassalles annahmen. Huber ist der erste, der die moderne Arbeiterfrage in Vorlesungen erörterte. Er studierte das Wohnungselend in Berlin und schaffte Abhilfe, indem er die Gründung der „Berliner gemeinnützigen Baugesellschaft", einer Baugenossenschaft also, anregte. Er gab die Zeitschrift „Concordia" als Organ dieser Baugenossenschaft heraus und veröffentlichte in ihr grundlegende Untersuchungen über Genossenschaften. Er konnte sich indessen in Berlin nicht einleben, zumal seine sozialpolitische Haltung ihn in konservativen Kreisen ebenso unbeliebt machte, wie sie ihm die Kreise der von Lassalle geführten Arbeiterschaft verschloß. Nach Reisen durch Österreich und Tirol entschloß er sich 1851, sein Abschiedsgesuch einzureichen, blieb noch eine Zeitlang in Berlin und zog sich 1852 nach Wernigerode im Harz zurück. Auch hier versuchte er durch lebendige Anregungen und Arbeit seine sozialpolitischen Ideen durch genossenschaftliche Organisationen zu verwirklichen, gründete einen Darlehnsverein und später einen genossenschaftlichen Vorschußverein. Für größere genossenschaftliche Gründungen fehlten allerdings die Voraussetzungen in diesem kleinen Ort. Er trat in lebhaften Briefwechsel und Gedankenaustausch mit Sozialpolitikern und Genossenschaftern aller Länder. 1854, 1858 und 1860 reiste er nach England, um die Fortschritte der Genossenschaftsbewegung dort zu studieren, die in erster Linie sich in verbrauchergenossenschaftlichen Gründungen entfaltete. Inzwischen veröffentlichte er eine Reihe grundlegender Studien über die verschiedenen Richtungen der genossenschaftlichen Arbeit und über seine Erfahrungen in England, wo er die Pioniere von Rochdale kennengelernt hatte, und in Frankreich. Namentlich die Berührung mit dem Genossenschaftswesen von Rochdale dürfte für Huber sehr bedeutsam gewesen sein. Nach einer kurzen und schweren Krankheit starb er am 19. Juli 1869.

b) Genossenschaft und Arbeiterfrage im werdenden Kapitalismus

Huber ist der erste Theoretiker der Genossenschaften in Deutschland. Während die anderen Persönlichkeiten in Deutschland, die die Genossenschaften begründeten und im allgemeinen, ihnen nach jahrelangen Erfahrungen auch die endgültige Form gaben, von den Erfordernissen des praktischen Lebens ausgingen, sah Huber die Genossenschaft aus den Zusammenhängen des gesamten sozialen Daseins heraus, und er formulierte ihre Bestimmung nach den Aufgaben, die in seiner Zeit die brennendsten waren. Huber erlebte das Aufkommen des Liberalismus und der kapitalistischen Industrie und gleichzeitig die großen Gefahren, die diese Entwicklung für das Volksleben mit sich brachte. Um diesen abzuhelfen und um die industrielle Entwicklung in positivere und fruchtbare Bahnen zu lenken, will er die Wirtschaft in den Formen des Genossenschaftswesens aufgebaut und gefördert sehen. Ein zusammenfassendes Werk hat er nicht geschaffen. Wenn wir die nur in Aufsätzen veröffentlichten Auffassungen Hubers vom Genossenschaftswesen, von seinen besonderen Aufgaben und Formen im Zusammenhang betrachten, wird klar, welchen besonderen und wesentlichen Zug Huber im Unterschied zu anderen Schöpfern und Theoretikern des Genossenschaftswesens entdeckt und darstellt. Es ist die ethische Seite und die Frage der moralisch-sittlichen Gestaltung des Volkslebens, die Huber am Herzen liegt und als Wesenszug genossenschaftlicher Aufgaben und Leistungen von ihm betont wird.

In der Zeit, in der Huber begann, das gesellschaftliche Leben zu studieren und sich den Arbeiterfragen des Industrialismus zuzuwenden, gab es noch in weitem Maße Reste der mittelalterlichen Wirtschaftsordnung. Das Handwerk war noch in Zünften organisiert. Es fehlte nicht an Bestrebungen, diese alten Formen zu erhalten oder neu aufleben zu lassen, um mit ihrer Hilfe den Gefahren entgegenzutreten, die der Kapitalismus mit sich brachte. Huber setzte sich ausführlich mit diesen Versuchen einer Erneuerung der Zünfte auseinander und lehnte sie ab. Er war davon überzeugt, daß man niemals durch das Festhalten einer alten Form neue Probleme lösen kann. Zwar hatten die Zünfte und Gilden im Mittelalter eine geregelte und stabile Wirtschaftsordnung aufgebaut und garantiert, aber für die neuen Aufgaben genügten sie nicht mehr. Auf der anderen Seite waren neue Formen, die dasselbe leisten konnten wie früher die Zünfte, noch nicht entwickelt.

Die Zünfte und Gilden regelten das wirtschaftliche Leben nicht nach dem Interesse des einzelnen, sondern nach den Notwendigkeiten des Gemeinschaftslebens. Die tragende Grundlage dieses Lebens bestand in der christlichen Gesinnung und in der christlichen Liebe, die allem Individualismus entgegenwirkten. Auch für die Menschen, die keine positive Lebensmöglichkeit fanden und für die in dem Arbeitsraum der mittelalterlichen Welt kein Platz war, wurde aus demselben christlichen Gemeinschaftsgeist heraus gesorgt. Die „Armen" hatten ein Anrecht darauf, daß man ihnen das Notwendige gab, und die Kirche ließ auch sie zu ihrem Rechte kommen. Die Kirche sorgte auch durch das Zinsverbot dafür, daß die Bedarfsdeckungswirtschaft als Wirtschaftsform erhalten blieb und kein Erwerbsstreben um seiner selbst willen aufkommen konnte. Was an Arbeit geleistet wurde, war ebenfalls frei von den Kämpfen, die erst die kapitalistische Wirtschaft mit sich führte, obgleich natürlich auch das Mittelalter sozial bedingte Unruhen von der Seite der benachteiligten untersten Schichten kannte[33]a). Der Arbeiter war zuerst Diener der gesamten Gemeinschaft, in der er stand. Er war nicht darauf angewiesen, sich auf dem Markt in Konkurrenz mit anderen Arbeitskräften einen Arbeitsplatz zu erstreiten, sondern die gesamte Wirtschaft sicherte ihm seinen Platz durch die Zunftorganisation von vornherein.

Erst als die Zahl der Gesellen in den Handwerksbetrieben größer wurde und keine Aussicht bestand, daß diese Gesellen in späteren Jahren zum Meister aufrücken würden, entwickelte sich aus diesen Gesellen ohne Zukunft, die meistens auf Wanderschaft waren, jene Schicht von Gelegenheitsarbeitern oder Arbeitslosen, die man sich später gewöhnte, mit einer abstrakten Formel „das Proletariat" zu nennen. Dem ging zur Seite eine Auflösung des Gemeinschaftsbewußtseins. Die Gesellschaft sorgte nicht mehr in der Art für diese Gesellen, wie sie früher den gefährdeten Mitchristen zur Seite gestanden

[33]a) Vgl. etwa Karl Kautsky, „Vorläufer des neueren Sozialismus", 3. Aufl. 1913; Neuausgabe Berlin 1947.

hatte. Diese Erscheinung leitet hinüber in die kapitalistische Welt, in der der Kampf ums Dasein, der Kampf um den Arbeitsplatz durchgehend zur Grundform wurde und in der der Streik von der einen, der Ausschluß von der anderen Seite als Kampfmittel zwischen Arbeiter und Arbeitgeber die Formen des Interessenausgleichs bildeten. An die Stelle der mittelalterlichen Wirtschaft, die als Hauptziel die ausreichende Nahrung und den gerechten Preis im Rahmen der Deckung aller notwendigen Bedarfe sah, trat die Profitwirtschaft, bei der die Herstellung notwendiger Waren nicht mehr im Dienst der Bedarfe stand, sondern bei der die industrielle Produktion sich immer mehr anschickte, selbst mit den Mitteln ihrer Marktbeeinflussung das Schicksal des Bedarfs in die Hand zu nehmen. Nicht mehr hing es von den lebensnotwendigen Bedarfen ab, welche Produkte hergestellt wurden, sondern es bestimmte die Produktion, wie weit und in welchem Ausmaß Bedarfe zur Befriedigung gelangen sollten. Die Arbeit selbst war eine Ware, und über den Betrag an Geld hinaus, den der Arbeiter auf dem Markt erhalten konnte, hatte die Arbeitskraft und die Arbeitsleistung weder Wert noch Sinn. Aus dieser Tatsache, die der liberalistischen Marktauffassung entsprach und die nur ein Ausdruck der völligen Auflösung aller Gemeinschaftsbindungen im Arbeitsleben war, ergab sich mit unmittelbarer Notwendigkeit die Proletarisierung des Arbeiters. Proletarisierung bedeutet in jeder Richtung völlige Unsicherheit der Existenz. Der Proletarier ist in allen seinen Daseinsmöglichkeiten dem Zufall preisgegeben. Er ist nichts als unpersönliche „Arbeitskraft" und es ist Zufall, ob die industrielle Lage und das freie Spiel der Kräfte in der Produktion ihm einen Arbeitsplatz geben können oder nicht. Er muß jede Arbeit annehmen, die sich ihm bietet, er hat keine Wahl, über sein Schicksal zu entscheiden, und hat keine Macht, sich gegen die ihm gegenüberstehenden Interessen durchzusetzen.

Dies war die Lage, in der Huber den Sinn und Wert der Genossenschaft nach ihrer sozialen Seite hin entwickelte. Er trat in einen scharfen Kampf gegen die aufkommende Agitation von Lassalle, der die Tatsache der Proletarisierung und der Gefährdung der Lage des Arbeiters zum Anlaß nehmen wollte für die Verwirklichung seiner klassenkämpferischen Ideen. Huber lehnte es ab, durch einen Umsturz der sozialen Ordnung diese Fragen lösen zu wollen. Er konnte sich von einem solchen Umsturz nichts versprechen als die völlige Auflösung, und was er dagegen geltend machen wollte, war langsamer, stetiger Aufbau[34]). Er wehrte sich leidenschaftlich gegen die Kritik und Ablehnung alles Bestehenden, wie sie von den ersten Agitatoren der Sozialdemokratie vorgebracht wurde und die sich auch von vornherein gegen den echten Genossenschaftsgedanken wandte[35]).

In dem Umfang, in dem Huber überhaupt an eine aufbauende Lösung der sozialen Fragen glaubt, muß er auch in seiner Theorie den Gedanken des Proletariertums bekämpfen. So wird er nicht müde, Argumente anzuführen gegen die Behauptung, der Arbeiter sei ein Proletarier. Er weist darauf hin, daß der größere Teil der Arbeiter durch seine fachliche Begabung und Schulung durchaus nicht in einen allgemeinen Begriff „Proletariertum" als einer einförmigen Masse hineinpasse. Er sagt, daß es allenfalls die am meisten gefährdeten, die absinkenden Schichten der Arbeiterschaft seien, die mit einigem Recht unter dieser Schablone begriffen werden dürften. Ebenso betont er, daß die Eigenart der verschiedenen Typen des Arbeitertums in den einzelnen Nationen den Gedanken eines sich international fühlenden Proletariats widerlege. Endlich wendet er sich gegen alle Versuche, den Arbeiter für die Dauer von dem Besitz auszuschalten, die bei den reaktionären Kreisen seiner Zeit hin und wieder auftauchten. Er sagt, daß es keinerlei Beweis dafür gäbe, daß der Arbeiter nicht auch Mitbesitzer aller Güter des Lebens sein könne, und daß sein oft bewiesener Wille zum Sparen, verbunden mit einer gesunden Selbsthilfe, ihn durchaus eines Tages auch in die Lage setzen könne, diesen Besitzwillen mit zu verwirklichen, etwa in den Formen genossenschaftlichen Miteigentums. Er ist weit davon entfernt, im Besitzstreben einen brutalen Egoismus oder eine gemeinschaftsschädigende Gesinnung zu sehen, sondern er erkennt darin einen der tiefsten Antriebe aller lebendigen sozialen Gestaltung, die erst die Grundlage für den persönlichen Aufbau des weiteren Lebens bildet.

Hubers Gegensatz gegen die sozialistische Agitation seiner Zeit hat seinen Grund darin, daß er mit der möglichen Erfüllung eines gesunden Besitzstrebens zugleich einen beharrenden und tragfähigen sozialen Zustand begründen will, der allen revolutionären Umstürzen entgegenwirkt. Der Arbeiter hat nach Meinung Hubers, genau wie jeder andere Stand, sein gutes Recht auf ein erreichbares Maß von gerechtem Besitz,

---

[34]) V. A. Huber, Ausgewählte Schriften, herausgeg. von Dr. K. Munding, Berlin, S. 668 ff.

[35]) A. a. O., S. 709 ff.

und er wird zu einem Faktor höchster Festigkeit und gesundester Beharrung im sozialen Leben werden, wenn es gelingt, ihm diesen Besitz zu verschaffen. „. . . Denn die Hauptbedeutung des Besitzes liegt nicht darin, daß er ein Gut, ein Glück oder ein Mittel, eine Bedingung irgendeines anderweitigen Vorteils ist. Sie liegt darin, daß es eine dem Menschen angeborene Anlage, ein Naturbedürfnis ist, sich einen Besitz zu schaffen, sobald die Umstände es erlauben. Das Bedürfnis aber wächst mit der Möglichkeit der Befriedigung, also mit der günstigen und gesunden Entwicklung des individuellen Lebens unter den jedesmal gegebenen Verhältnissen. Die wirkliche Befriedigung des Bedürfnisses, die Erwerbung des Besitzes ist also zugleich Beweis, Frucht und Bedingung einer solchen Entwicklung"[36]).

Er fährt fort: „. . . Ein so begründeter Stand besitzender Arbeiter wird aber selbst die sicherste Grundlage derselben Ordnung sein, der seine massenhaft vereinzelten und in der Vereinzelung von der Armut um so mehr bedrohten, der gärenden Verbitterung ausgesetzten Elemente jetzt den Untergang oder doch die furchtbarsten Erschütterungen und Verluste drohen. Und in diesem Sinne denn kann es allerdings nichts Konservativeres geben als alles, was zu dieser Veränderung wesentlich beitragen kann"[37]). Der Staat, die Gewalt, die Partei, welcher diese Tat gelingen werde, habe damit zugleich die Bürgschaft ihrer eigenen Zukunft erlangt.

„Uns liegt jedenfalls vor allen Dingen daran, daß die Grenzen zwischen der von Almosen in irgendeiner Gestalt abhängigen Armut und der durch ihren Erwerb und Besitz in der Assoziation selbständigen und unabhängigen Arbeit nicht verkannt werden. Wie wichtig es in jeder Beziehung, namentlich aber für die sittliche Haltung des Arbeiters ist, diesen Unterschied festzuhalten, liegt auf der Hand. Diese Begrenzung aber darf nie ein liebloses Zurückstoßen sein. Im Gegenteil werden eben von jedem Fußbreit des so gewonnenen festen Bodens aus sich rettende, helfende Bruderhände nach denen ausstrecken, die noch mit dem Verderben kämpfen oder den Kampf, schon ermattet, hilflos aufgegeben haben"[38]).

Erst dadurch, daß die Selbsthilfe der Genossenschaft dem Arbeiter ein gewisses Maß an Besitz verschafft und ihm da-

---

[36]) A. a. O., S. 751 ff.
[37]) A. a. O., S. 752 ff.
[38]) A. a. O., S. 757.

durch die Möglichkeit gibt, festen Fuß zu fassen im Leben und aus jener ständigen Unsicherheit herauszukommen, die das Hauptmerkmal des Proletarierschicksals ist, wird die genossenschaftliche Selbsthilfe zum genauen Gegenteil der Wohlfahrtsbemühungen und aller jener Formen der Wohltätigkeit, deren demoralisierender Einfluß und deren lähmende Wirkung gegenüber der eigenen persönlichen Initiative des Betroffenen bekannte Tatsachen sind. Durch diese Betrachtungsweise zeigt Huber die Fragen des Arbeiterschicksals im Rahmen ihrer gesellschaftlichen Verflochtenheit mit dem Genossenschaftsgedanken. Es geht ihm darum, die Gefahren, die durch das Zusammenbrechen der Zunftordnungen und aller Gemeinschaftsbindungen im aufkommenden Kapitalismus bestehen, zu bannen, indem er neue, den modernen Verhältnissen entsprechende Gemeinschaftsbeziehungen aufbaut. „Also Reorganisation, zeitgemäß organische Wiederbindung der durch den . . . Prozeß der Auflösung in negativer Freiheit entstandenen atomistischen Massen"[39]). Als eine der Hauptformen dieser neuen Bindung erscheint ihm die Genossenschaft.

Huber begnügt sich nicht damit, Interessenvereinigungen, etwa der Kreditnehmer, schon als Genossenschaften anzusehen, sondern er will den neuen, von ihm geforderten Gemeinschaftsgeist, die „Wiederbindung", bis in das Betriebsleben selbst hineingetragen wissen. Während die aufkommende Sozialdemokratie sich mit wachsendem Erfolg bemüht, zwischen Arbeitgeber und Arbeiter Fronten des Kampfes gegeneinander aufzurichten und die Gegensätzlichkeit ihrer Interessen immer wieder betont, will Huber bewußt dahinwirken, daß Arbeiter und Arbeitgeber einander auf moralisch-sittlicher Grundlage und in gegenseitigem Verständnis gegenübertreten und gemeinsam die Aufgaben, zum Beispiel auch der Lohngestaltung, lösen. Dabei will Huber keineswegs eine romantische Gemeinschaftsideologie und einen wirklichkeitsfremden „guten Willen" ausdrücken, sondern er sieht, daß schließlich eine solche gemeinsame Lösung der Fragen auch im gesunden Interesse beider Seiten liegt. Er erklärt: „Als Mittel eines solchen Verkehrs können wir ohne weitere Ausführung hier ein Organ bezeichnen, worin beide Teile, die Arbeiter und die Arbeitgeber, eine angemessene Vertretung finden würden. Dessen Funktionen würden zwar allerdings unter Umständen auch schiedsrichterlicher Art sein, noch mehr aber in einer sachkundigen, billigen Verständigung

[39]) A. a. O., S. 714

über den wirklichen Stand des Arbeitsmarktes und den danach zu bestimmenden Preis der Arbeit, sowie über andere Arbeitsbedingungen und Verhältnisse bestehen"[39a]).

Und: „. . . Jede irgend unbefangene, fachkundige Beurteilung führt zu der Erkenntnis, daß hier jeder Streich, der den einen trifft, den anderen mitverwundet, daß die Interessen gemeinsam sind, auch wenn die Vorteile ungleich verteilt würden — ja, daß der wahre Vorteil des einen Teils nur Hand in Hand mit dem des anderen gehen kann"[40]). Als ein Ausdruck dieser möglichen Gemeinschaft, auch unabhängig von den Fragen des Kapitalbesitzes, erscheint ihm wiederum die Genossenschaft. Huber läßt es durchaus als möglich gelten, daß der Kapitalbesitz frei bleibt und seine Auffassung der Genossenschaft unterscheidet sich darin grundsätzlich von der Lassalles. Was er meint und will, ist dies, daß der menschliche Gegensatz zwischen Kapital und Arbeit und die unfruchtbaren Kämpfe zwischen beiden Seiten zugunsten einer neuen Gemeinsamkeit verschwinden.

Da Huber für die Aufgaben, die sich aus dieser Absicht der „Wiederbindung" des zersplitterten sozialen Lebens ergeben, von der moralisch-sittlichen, wie er sagt, oder von der menschlichen Seite her ausgehen will, muß er auch geistigmenschliche Bildung zum Ansatzpunkt nehmen. Er betont, daß der Arbeiter ein berechtigtes Interesse an seiner menschlichen Fortbildung hat, und es liegt auf der Hand, daß Genossenschaften, im Unterschied von allen bloßen Interessenverbindungen, nur auf einer sittlich-menschlichen Basis erwachsen können, die durch geistige Vertiefung begründet ist. Ebenso soll nach seiner Auffassung das genossenschaftliche Zusammenwirken diese menschlich-sittlichen Kräfte, die es voraussetzt, um entstehen zu können, von sich aus stärken und festigen helfen. Da die Arbeiterschaft auch aus einzelnen Menschen besteht, kann ihre Lage nur gebessert werden, indem das Schicksal dieser Menschen gefördert wird. Huber verschließt sich den Auffassungen, die von dem Schicksal und der Zukunft einer Klasse oder gar „des Proletariats" überhaupt sprechen und es dabei vergessen, daß dies allgemein soziologische Begriffe sind, während die Wirklichkeit immer aus Menschen besteht. Huber erklärt ausdrücklich von seiner Wissenschaft im Gegensatz zu der von Lassalle: „Worin hauptsächlich der eigentliche volkswirtschaftliche Kern oder

[39a]) A. a. O., S. 566.
[40]) A. a. O., S. 748.

Grund dieser außerordentlichen Wirkungen der Genossenschaft liegt, ist schon oft und mit Recht dahin ausgesprochen worden, daß sie den Gegensatz des Kapitals und der Arbeit löst, indem sie beide in der Hand der Arbeiter vereinigt und in ihnen die Vorteile der Großwirtschaft und des Großbetriebes und ihren Anteil an dem Geschäftsgewinn sichert. Die Frage: ob das alles wirklich möglich ist, findet ihre tatsächliche Beantwortung in den Erfolgen, welche das Genossenschaftswesen schon jetzt in den Anfängen seiner Entwicklung erlangt hat"[41]). Er sagt von seiner Lehre: „. . . Sie erkennt in jedem einzelnen Falle der Verbesserung und Hebung der sittlichen, geistigen und materiellen Zustände der Arbeiter eine Stufe, einen Baustein zur Hebung der ganzen Klasse, eine Gegenwirkung gegen den Zug nach unten, der aus gewissen, unleugbaren Gesetzen oder Kräften und Umständen allerdings hervorgeht, den aber zu überwinden eben die Aufgabe ist, deren Lösung wieder von andern nicht weniger naturgemäß unausweichlichen Gesetzen und Kräften begünstigt wird . . ."[42]).

Fragen wir uns, welches der Sinn des genossenschaftlichen Strebens in der Auffassung Hubers ist, so liegt er darin, daß die genossenschaftliche Wirtschaftsform ihren Gliedern die Möglichkeit gibt, mit den aufwärtsstrebenden Kräften des Lebens und mit der Energie des Menschen, der aus eigener Kraft sein Schicksal persönlich gestalten will, zugleich aber auch aus einer echten Gemeinschaftsgesinnung heraus den Übeln entgegenzutreten, die die Auflösung aller überkommenen Gemeinschaftsordnungen durch den aufkommenden Liberalismus mit sich führte. Das Eigentümliche der geistigen Leistung von Huber für die Aufhellung des genossenschaftlichen Lebens liegt darin, daß er die Genossenschaft in ihren sozialen Verflechtungen und in ihrer eigentümlichen Leistung für den ethischen Aufbau des gesellschaftlichen Lebens erkennt. Mit dieser Deutung der Genossenschaft aus dem Sozialleben heraus hat Huber eine eigene theoretische Leistung hinterlassen.

c) Aus Hubers Schriften

Vorteile der Genossenschaft

„Das materielle Prinzip der Assoziation ist Vereinigung vieler kleiner atomisierender Kräfte — besonders proletarischer Atome, wenn der Ausdruck mir gestattet ist — zu einer

[41]) A. a. O., S. 646.
[42]) A. a. O., S. 672.

relativ großen Kraft und möglichst fruchtbaren Verwendung der letzteren in der produktiven oder distributiven Industrie, nach Umständen auch über die Grenzen der Bedürfnisse der eigenen häuslichen Ökonomie der Beteiligten hinaus. In dieser fruchtbaren Verwendung der Gesamtkraft als solcher zugunsten der einzelnen Atome liegt die Möglichkeit, die Tragfähigkeit, also den wirklichen Wert auch der kleinsten Beiträge in demselben Verhältnis zu steigern, wie bekanntermaßen die große Ökonomie und Industrie relativ viel größere Vorteile in jeder Beziehung in Produktion und Konsumtion gewährt als die kleine. Der in der Assoziation verwendete Groschen oder Taler reicht viel weiter, als der in der atomistischen Ökonomie verwendete Groschen oder Taler. Sie befreit auch die kleinste Ökonomie in ihrer Konsumtion von der in höheren Preisen und schlechter Qualität fühlbaren Last der zwischen ihr und den Produzenten stattfindenden Vermittlungen, von der Abhängigkeit vom kleinsten, teuersten und schlechtesten Verkäufer, dem Krämer, Kellerwirt usw. Sie wendet dem kleinsten Produzenten in seinem Verhältnis zu dem Konsumenten die Vorteile zu, welche bisher auch hier den vermittelnden Faktoren und besonders dem von der unmittelbaren Arbeit getrennten Kapital zufielen. Sie gewährt dem bisher nur auf den Arbeitslohn angewiesenen Arbeiter seinen Anteil an dem Eigentum des Produkts und an dem Gewinn des Verkaufs.

Aber diese materiellen Vorteile, diese Steigerung der Tragweite des Erwerbs der materiellen Kräfte bilden nur eine Seite der Assoziation. Die andere und noch wichtigere und wohltätigere Seite ist eine entsprechende Steigerung der sittlichen und intellektuellen Kräfte. Denn die Assoziation setzt wirkliche Gemeinschaft der Arbeit und der Ökonomie sowie überhaupt genossenschaftliche, gesellige Beziehungen voraus — immer mit Vorbehalt der Selbständigkeit, Abgeschlossenheit und Heiligkeit des Familienlebens. Diese Wirkung ist eine doppelte. Erstlich als sittliche, geistige Gesamtatmosphäre in dem Sinne, wie in weiteren Kreisen die öffentliche Meinung, das esprit de corps usw. Zweitens, insofern bei den ärmeren und armen Klassen unter den gegenwärtigen Zuständen und dem Einfluß der sozialen Krankheiten in ihren materiellen und sittlichen Erscheinungen die Entwicklung oder auch nur Bewahrung der sittlichen und intellektuellen Bedingungen des Gedeihens sehr wesentlich erschwert wird durch die materiellen Notstände. Man erwäge beispielsweise nur, wie sehr die gute, ja für die ganze Lebenshaltung entscheidende Gewohnheit der Häuslichkeit nach Feierabend und am Feiertage bei den Männern erschwert wird durch schwierige, teure Heizung und Beleuchtung usw. und was sonst die Wohnstube unbehaglich machen kann, sowie durch Mangel an den Mitteln geistiger Beschäftigung und Erheiterung — wie sehr die sittliche Haltung des häuslichen Lebens in Keuschheit und Zucht erschwert wird durch Mangel an Raum und schlechte Verteilung und Einteilung der Räume — wie sehr der Sinn für Ordnung und Sparsamkeit erschwert wird durch den Mangel an einer handgreiflich und unmittelbar hervortretenden Möglichkeit der wirklichen Verbesserung der Zustände durch die Übung solcher menschlichen Tugenden. Eine Steigerung der materiellen Ansprüche im weitesten Sinne jenes »Sattwerden mit Wohlgefallen und Dank« ist aber eine wesentliche Bedingung der Verbesserung der proletarischen Zustände nach Leib, Geist und Seele. In dieser Hinsicht kann man einer gewissen pharisäisch asketischen oder aristokratischen Entsagungsrenommisterei auf Kosten der Armen nicht zu ernstlich begegnen. Auch vergesse man doch nicht, daß die Assoziation auch die Beschaffung der materiellen Mittel zu christlicher Bildung, Erbauung, Erheiterung in reichlichstem Maße und bester Qualität zum niedrigsten Preise gewährt. Mit anderen Worten: die Assoziation ist ohne allen Vergleich die wirksamste Anstalt zur Einwirkung der bildenden Kräfte christlicher Zivilisation auf alle Punkte des proletarischen Alltagslebens, also recht eigentlich eine kirchliche Anstalt“[43]).

Leitung und Organisation der Genossenschaft als Gesellschaftsform.

„Es liegt in der Natur des Gemeinschaftsprinzips, daß auch die Assoziation in ihrer inneren Organisation, ihrer Verfassung mehr oder weniger unter eine der drei Kategorien, der monarchischen, aristokratischen und demokratischen Form, fallen muß. Ich brauche kaum zu versichern, daß ich die erste für die beste, die letzte für die schlechteste halte und nur da gelten lasse, wo keine andre möglich. Die monarchische Form findet indessen in der Regel nur da Raum, wo ein gegebener Kreis von einer Einzelkraft faktisch beherrscht wird. Also entweder und am natürlichsten da, wo große Arbeitgeber in dem Kreise ihrer Arbeiter die Prinzipien der Assoziation ins Leben führen, oder wo eine einzelne große Geldkraft auch in freieren Beziehungen und weiten Kreisen die Gründung und

[43]) A. a. O., S. 730 f.

Leitung übernimmt. Solche Fälle können in Deutschland nie sehr zahlreich sein, weil so bedeutende Einzelkräfte verhältnismäßig selten sind; denn die Assoziation fordert als Bedingung wirklich bedeutender Vorteile eine bedeutende Anzahl von Teilnehmern — mindestens ein paar Hundert. So wird es also hauptsächlich auf die Verbindung mehrerer kleinerer, aber doch immerhin aristokratischer Kräfte ankommen. — Also die aristokratische Form der Assoziation, die proletarische Assoziation mit aristokratischem Kern und (aristokratischer) Leitung! Daß auch diese, ja sogar die demokratische Assoziation eine feste Autorität haben kann und muß, versteht sich von selbst, und es ist nicht das geringste Verdienst der Assoziation, daß ihr Gelingen wesentlich von der Festigkeit und Kompetenz der Autorität abhängt und daß ihre Praxis jedenfalls immer nach Entwicklung einer möglichst festen und starken Autorität drängt"[44]).

3. Hermann Schulze-Delitzsch:

Genossenschaft in der Krise des Handwerks und des gewerblichen Mittelstandes

a) Lebenslauf von Hermann Schulze-Delitzsch

Hermann Schulze-Delitzsch wurde am 29. August 1808 in Delitzsch geboren. Er studierte in Leipzig Rechtswissenschaft, ging 1829 nach Halle, um seine Studien fortzusetzen und legte 1830 das erste, 1833 das zweite juristische Examen ab. Er arbeitete zunächst als Vertreter seines Vaters im Patrimonialgericht im Kreise Delitzsch, legte 1838 sein drittes Examen als Oberlandesgerichtsassessor in Berlin ab und wirkte dann an verschiedenen Gerichten. 1840 kehrte er nach Delitzsch zurück und übernahm 1841 eine Patrimonialgerichtsstelle. Er war eifrig in den politischen Bewegungen des Jahres 1848 tätig und nahm an der Nationalversammlung in Frankfurt (Main) teil. Für seine weitere Tätigkeit auf dem Gebiete der Handwerkerfragen und an den Problemen des beginnenden Industrialismus war es von entscheidender Bedeutung, daß Schulze die Unterabteilung „für Handwerksangelegenheiten" in der Kommission für Handel und Gewerbe bei der nationalen Versammlung übertragen wurde. Über 1600 Anträge waren bei dieser Kommission eingegangen, die eine Abänderung der Gewerbeordnung zum Gegenstand hatten. Von der Nationalversammlung

---

44) A. a. O., S. 743 f.

wurden dieser Kommission alle Wünsche zugeleitet, die mit Bezug auf gewerbliche und Handwerkerfragen dem Ministerium zugingen. Schulze hatte also Gelegenheit, alle Schwierigkeiten und Nöte der Lage der Handwerker und Gesellen kennenzulernen, die sich damals entwickelten. Er konnte reiche Erfahrungen zur Lage des Kleinbürgertums und Handwerks sammeln und erhielt hier die unmittelbaren Anregungen für seine künftige eigene Tätigkeit. Als einziges Hilfsmittel gegen die zunehmende Verarmung und Proletarisierung der Handwerker und Gesellen bewertete Schulze-Delitzsch bald die Genossenschaft. In unmittelbarem Zusammenhang mit seinen Erfahrungen wollte Schulze-Delitzsch „unter Assoziation oder Genossenschaft eine Verbindung unter den wenig bemittelten, vorzugsweise arbeitenden Klassen verstanden wissen, welche dahin strebt, bei wirtschaftlichen Zwecken den einzelnen kleinen und im Verkehr verschwindenden Kräften durch ihre Vereinigung soviel als möglich die Vorteile einer Großkraft zu Gebote zu stellen. Die Voraussetzung eines solchen Unternehmens ist, daß man sich irgendwie in einer ungünstigen Stellung dem großen Kapital gegenüber fühlt, sei es in der Konsumtion, sei es in der Produktion, und aus dieser ungünstigen Stellung wollen sich die Mitglieder eben durch ihre Verbindung emanzipieren. Ganz vorzüglich beteiligt ist aus diesem Grunde hierbei der bisher selbständige kleine Gewerbe- und Handwerkerstand, der durch die Konkurrenz der neuen, hauptsächlich der Fabrikindustrie, welche auf den Großbetrieb hingewiesen ist, in seiner Existenz sich gefährdet sieht"[45]).

Das weitere Leben von Schulze-Delitzsch war Jahre hindurch sehr schwierig, da er durch seine freiheitliche Gesinnung und seine Bemühungen um Besserung der Lage des Handwerkerstandes den konservativen Regierungsinteressen nicht genehm war. Schulze nahm eine Stellung als Hilfsrichter in Wreschen an, wurde wieder von seiten des Staates stark in seiner Amtsführung eingeschränkt und kehrte von dort 1851 nach Delitzsch zurück. Er lebte dann überwiegend von juristischen Gelegenheitsarbeiten. Seine persönliche Lebensstimmung in dieser Zeit des ersten Kampfes um den Aufbau der Genossenschaften zeigt sich am besten aus einem Brief an seinen Freund Reil vom 26. Mai 1852. Er schreibt:

„Daß ich in der sozialen Frage, der größten und wich-

[45]) Hermann Schulze-Delitzsch, Schriften und Reden, 5. Band, Berlin 1913, S. 67.

tigsten des Jahrhunderts, nicht mit leeren Deklamationen, sondern mit recht praktischen Organisationen fortwährend wirke, davon hättest Du Dich bei Deiner letzten Anwesenheit füglich überzeugen können. Ist es denn in Deinen Augen wirklich nichts, Hunderten von Familien Kredit und Existenz zu verschaffen, sie vor den Folgen der Krankheiten und des Elends zu schützen, durch Belebung und Vermehrung des Verkehrs ihre Umstände zu verbessern? Und das nicht durch Almosen sondern durch Leitung und Anregung ihrer eigenen Kraft, wodurch unausbleiblich ihr menschliches Selbstgefühl und ihre bürgerliche Tüchtigkeit in jeder Weise gehoben wird.

Freilich, von Deinem ästhetischen kavalieren Höhepunkt hast Du keinen Blick in diese niederen Regionen. Du hast keinen Begriff von der menschlichen Erquickung, die mir bei diesen guten und wackeren Leuten oft wird, wenn ich ihren regen Sinn für Bildung, ihre Opferfähigkeit und Herzenswärme mit der Erbärmlichkeit der Bourgeoisie vergleiche und neue Lust und Kraft zu gemeinnützigem Streben aus dem Verkehr mit ihnen schöpfe. Wenn ich ein Starker bin, wie Du sagst, was ist ein schönerer Beruf, als den Schwachen zu helfen?

Ich bescheide mich gern, daß mein Wirkungskreis klein und eng ist; ich hätte ihn gern vergrößert, aber deshalb verschmähe ich ihn nicht, da ich eben keinen andern haben kann, und bestrebe mich lieber, ihn recht auszufüllen, als daß ich mich vornehm zurückzöge und gar nichts täte. Wir müssen im kleinsten beweisen, daß wir des großen wert sind, und wenn mir wirklich einmal noch eine größere freiere Wirksamkeit würde — was ich fast bezweifeln muß — so hat mich nur diese Tätigkeit im kleinen dazu befähigt. Mit einem Worte, ich arbeite mit aller Kraft, von den höchsten Ideen, die mich je begeistert haben, so viel realisieren zu helfen, als ich kann, und ist es nur ein Stein zum Bau, etwas ist es doch. Aber ehe diese Auffassung nicht allgemein wird, wird's auch mit dem Bau nichts . . ."[46]).

Die kommenden Jahre, die seine Stellung immer noch unsicher ließen, brachten ihn in Berührung mit einer Reihe hervorragender Männer, darunter Rodbertus und Huber; seine nahe Bekanntschaft mit Gustav Freytag förderte seine Bemühungen bedeutend. Die entschiedene Stellung, die er 1848 gegen die reaktionäre Regierung eingenommen hatte, und seine unveränderlich freiheitliche Gesinnung blieben die Haupthinderungsgründe dafür, daß er zu einer festen Lebensstellung

---

[46]) A. a. O., S. 75.

kommen konnte. Auch seine literarische Tätigkeit wurde davon beeinträchtigt. Es war ihm gelungen, durch das Interesse, das Gustav Freytag an seinen Bemühungen nahm, an einer Reihe von Zeitschriften mitzuarbeiten, im besonderen an der „Gartenlaube" und an dem „Grenzboten", die Gustav Freytag herausgab. Er unternahm 1854 unter dem Titel „Innung der Zukunft" eine eigene Sonderbeilage der „Deutschen Gewerbezeitung". Diese Beilage wurde später selbständig und erhielt den Titel „Blätter für Genossenschaftswesen". Da Schulze durch seine rege Tätigkeit in der Beratung der Erwerbs- und Wirtschaftsgenossenschaften sich allseitig anerkannte große Verdienste erworben hatte, entschlossen sich diese Genossenschaften später, eine Anwaltschaft einzurichten, die Schulze-Delitzsch angetragen wurde. Auch seine äußeren Lebensverhältnisse fanden damit eine angemessene Regelung.

Unermüdlich war Schulze-Delitzsch für die Weiterentwicklung und Ausgestaltung der auf seine Initiative zurückzuführenden Arbeit der Genossenschaft tätig. Er mußte dabei eine Zeitlang heftig gegen die Agitation Lassalles kämpfen. Schulze-Delitzsch hielt mit Energie immer daran fest, daß die Genossenschaften nur dann ihren eigentümlichen Wert entwickeln und behalten können, wenn sie entschlossen jede von außen und auch vom Staat an sie herantretende Hilfe ablehnen. Diese grundsätzlich freiheitliche Gesinnung war auch Bismarck nicht genehm, und Bismarck neigte zu Zeiten dazu, die Anschauungen von Lassalle zu unterstützen. Schulze-Delitzsch beharrte anderen Bestrebungen gegenüber dabei, daß jede Genossenschaft nach Möglichkeit nur für einen einzigen bestimmten Zweck gegründet und geführt werden sollte. Er lehnte es auch ab, einer Genossenschaft verschiedene Aufgaben und verschiedene wirtschaftliche Ziele zuzubilligen. Endlich wollte er es grundsätzlich verhindert wissen, daß Genossenschaften sich untereinander zu einer größeren Genossenschaft zusammenschließen könnten. Der Grund hierfür lag darin, daß Schulze-Delitzsch befürchtete, daß die einzelnen Genossenschaften belastet und allzusehr gefährdet werden könnten.

Im weiteren nahm Schulze-Delitzsch lebhaft Anteil an der Begründung und am Wirken des Deutschen Nationalvereins. Er kämpfte für die nationale Einigung und war in vielfältiger Weise politisch tätig. Während im innerpolitischen Leben sich von konservativer Seite Bemühungen zeigten, durch eine Wiedereinrichtung der Zünfte dem industriellen Fortschritt entgegenzutreten, wollte Schulze-Delitzsch im Gegensatz dazu das Kapital nicht bekämpfen, sondern dem Handwerk durch die Genossenschaften die Vorzüge des Kapitals zugutekommen lassen und es so fähig machen, den Konkurrenzkampf mit der Industrie aufzunehmen. Immer wieder kehrte er zu seinem Grundsatz der Selbsthilfe zurück. So etwa, wenn er in der Auseinandersetzung mit den sozialen Fragen der neuaufkommenden Arbeiterbewegung erklärte:

„Die deutschen Arbeiter wissen es niemandem Dank, der ihnen eine Garantie der Existenz von außen her entgegenbringt, weil er in der Aufhebung der Selbstverantwortlichkeit und Selbsthilfe die Grundlage ihrer sittlichen Würde, ihrer bürgerlichen Gleichberechtigung wie ihrer wirtschaftlichen Selbständigkeit antastet, Dinge, ohne welche von einer wirklichen Hebung der arbeitenden Klassen doch wirklich nicht im Ernste die Rede sein kann"[47]).

Schulze-Delitzsch sah die Schwäche der Versuche Lassalles richtig, wenn er am 13. Dezember 1871 schrieb, er sei davon überzeugt, „. . . daß die sozialistischen Träume, wonach die Produktivassoziationen der Arbeiter die Zukunftsform der gesamten Industrie bilden werden, lächerlich sind, auch wenn man von der Staatshilfe dabei absieht. Der Privatunternehmer, mit der erforderlichen Kapazität und dem nötigen Kapital ausgerüstet, wird durchschnittlich einen großen Vorsprung in der so unerläßlichen einheitlichen Leitung des Unternehmens vor der unvermeidlichen Vielköpfigkeit der Assoziation behalten. Deswegen aber der Assoziation die Möglichkeit des Aufkommens und die überaus wohltätige Rückwirkung des Bestehens auch nur vereinzelter von ihnen auf die Arbeiterverhältnisse abzusprechen, ist ganz verkehrt und eine Schrulle einiger dem praktischen Leben ganz entfremdeter Büchermenschen"[48]).

Im Gegensatz zu dem Sozialismus, der auf die Hilfe des Staates baut, entsprang der Wille zur Selbsterhaltung aus der Grundhaltung von Schulze-Delitzsch: „Nimmt man den Menschen die Sorge um die Existenz, so nimmt man ihnen zugleich die beste Freude daran, die Freude am eigenen Schaffen und an dessen Früchten, überhebt man sie der Verantwortlichkeit dafür, beraubt man sie zugleich der Freiheit. Dadurch schädigt man sie, aber nicht nur an ihrer sittlichen Würde, sondern auch an ihrer wirtschaftlichen Leistungsfähigkeit"[49]).

---

[47]) A. a. O., S. 189.

[48]) A. a. O., S. 288/89.

[49]) A. a. O., S. 296.

Endlich nahm Schulze-Delitzsch immer Anteil an den Fragen der allgemeinen Volksbildung, und er sah in einer Hebung des geistigen Niveaus des Volkes eine besondere Aufgabe auch der Genossenschaft. So brachte er auf dem Allgemeinen Genossenschaftstag in Nürnberg im August 1871 einen Antrag ein: „Es ist den Vereinen des Allgemeinen Genossenschaftsverbandes zu empfehlen, einen Teil ihres Vereinsgewinns für Zwecke der Volksbildung zu verwenden." Dieser Antrag wurde einstimmig angenommen. Er erklärte geradezu: „Die Sache der Genossenschaft und freier Menschenbildung ist eins"[50]).

In unermüdlicher Arbeit für seine genossenschaftliche Sache und zugleich für die großen nationalpolitischen Aufgaben seiner Zeit bewegte sich das Leben von Schulze-Delitzsch bis in sein hohes Alter hinein. Nach vielen Ehrungen und im berechtigten Bewußtsein, seine Sache zum Siege geführt zu haben, ging dieses Leben am 29. April 1883 zu Ende.

b) Das Entstehen der Genossenschaft in der Krise des Handwerks und des gewerblichen Mittelstandes

Während die Anregungen zur genossenschaftlichen Arbeit für Huber wesentlich aus sozialen Erfahrungen kamen, die er in der Beobachtung des Wohnungselends der modernen Großstädte und des Schicksals der Arbeiter in den großen Industriestädten seiner Zeit machte, wurde Schulze-Delitzsch durch seine Beobachtungen über die Gefahren für das Handwerk und den gewerblichen Mittelstand zur Gründung von Genossenschaften geführt. Huber fühlte sich als Mensch und als Christ verantwortlich für das Schicksal und Ergehen der breiten Schichten des Volkes, die durch den aufkommenden Kapitalismus in Gefahr kamen, proletarisiert zu werden. Die Antriebe für seine genossenschaftliche Arbeit lagen zuerst und vor allem auf diesem sittlichen und religiösen Gebiet. Schulze-Delitzsch ging aus von der Frage: wie ist es möglich, dem Handwerker und kleinen Unternehmer die Konkurrenzfähigkeit gegenüber dem ständig wachsenden kapitalistischen Unternehmertum zu erhalten?

Die Lage in seiner Zeit war so, daß zunächst noch ein großer Teil der wirtschaftlichen Produktion bei Handwerkern und kleineren Gewerbetreibenden lag. Diese waren gewohnt, mit einem gewissen Absatz und einem einigermaßen festen Kundenkreis zu rechnen. Denn das Wirtschaftsleben im ganzen

---

[50]) A. a. O., S. 323.

war bis zu jener Zeit im allgemeinen nur langsam fortgeschritten. Jetzt aber wuchs mit dem schnellen Emporkommen der Industrie auch der Einfluß und die Macht des Kapitals. Das bedeutete, daß der Handwerker in seiner Konkurrenzfähigkeit eingeschränkt wurde; während die industrielle Fabrikation sich alle Vorteile etwa des Einkaufs von Rohmaterial im großen zu eigen machen konnte und durch Reklame den Markt weitgehend zu beherrschen anfing, war der Handwerker nach wie vor gezwungen, im einzelnen einzukaufen. Er kaufte dadurch natürlich viel teurer. Ebenso konnte er sich nicht im gleichen Maße wie die Industrie auf dem freien Markt durchsetzen. Es fehlten ihm die Mittel für eine großzügige Reklame. Endlich konnte er sich allein nicht gewisse Maschinen anschaffen, die zu einer bedeutenden Verbilligung und oft auch Verbesserung seiner Arbeit notwendig gewesen wären.

Dieser Schwierigkeit trat man von seiten konservativer Politiker in jener Zeit dadurch entgegen, daß man versuchte, die alten Zünfte wiederherzustellen. In diesen Zünften waren Arbeitsordnung, Zahl der Meister, der Gesellen und Lehrlinge und Verkaufspreis der Produkte fest geregelt. Um diese Zunftordnung, die jedem Erwerbstätigen seinen notwendigen Erwerb sichern sollte, wiederherzustellen, hätte man aber die gesamte kapitalistische Industrie wieder abschaffen müssen. Das war unmöglich, und Schulze-Delitzsch betonte immer wieder, daß man nicht durch eine Rückkehr zu alten, überholten Formen die neuen Aufgaben lösen kann.

Er faßte die Aufgabe von der anderen Seite an. Er sagte: Wenn das Kapital den Handwerker und Gewerbetreibenden schädigt und in Gefahr bringt, dann muß er sehen, daß er sich die Kräfte, die offenbar im Kapital stecken, selbst zu eigen macht, und er muß auf jede Weise versuchen, selbst mit der Hilfe des Kapitals auch seinen kleinen Betrieb zu fördern. Nun war es für den einzelnen Handwerker nicht möglich, etwa von einer Bank Kapital zu leihen. Darin würde für die Bank ein zu großes Risiko gelegen haben, und der Handwerker wäre allzusehr durch diese Schulden belastet worden. Es mußte eine Form gefunden werden, in der der Handwerker sich selbst zu für ihn erträglichen Bedingungen Kapital beschaffte.

Dies war von Anfang an für Schulze-Delitzsch das Entscheidende. Der Handwerker sollte sich selbst helfen, und der Zusammenschluß der einzelnen Handwerker sollte das Mittel für diese Selbsthilfe darstellen. Möglich wurde die Selbsthilfe auf dem Wege über die Assoziation durch solidarische, d. h.

gemeinsame, vollständige Haftung der Mitglieder für alle Gelder, die man gemeinsam aufnahm, und für alle Kredite, deren man sich bediente. Wichtig für Schulze-Delitzsch blieb dabei, daß diese Assoziationen, die er dann später Genossenschaften nannte, sich allein von unten her, d. h. aus dem freien und eigenen Entschluß der Mitglieder aufbauten, und daß jedes Eingreifen von oben her, also etwa von seiten des Staates durch Gewährung von Zuschüssen usw., ganz entschieden abgelehnt wurde. Es war die Absicht von Schulze-Delitzsch, bei den gesunden Kräften der noch lebensfähigen handwerklichen und gewerblichen Betriebe anzuknüpfen. Er lehnte den Sozialismus ab, obgleich auch er eine lohnende Tätigkeit für alle Schaffenden garantiert sehen wollte, weil er die persönliche Initiative des einzelnen fruchtbar machen wollte, und um „die zarte Grenzlinie der freien individuellen Bewegung zu wahren“[51]). Dabei verschloß Schulze-Delitzsch sich nicht der moralischen Wirkung, die in dem solidarischen Zusammenschluß liegt. Er forderte den Ausgleich von Einzelwillen und Gemeinschaftsinteresse als Gegenmittel gegen schrankenlosen Egoismus und betonte, wie sehr zu Unrecht besonders der Deutsche zuweilen Vereinzelung für Selbständigkeit halte[52]).

Die Grundabsicht Schulzes ist, einen Aufbau „von unten nach oben“ zu gewährleisten. Deshalb lehnt er auch einen Schutz und eine Hilfe von seiten des Staates ab. Er vermutet, daß beide Seiten, der Staat wie der Handwerker, von dem Ergebnis enttäuscht sein würden, wenn mit Staatshilfe etwa Produktivgenossenschaften, d. h. Fabrikationsunternehmungen, die im Besitz der Arbeiter selbst wären, ins Leben gerufen würden. Denn bei dieser Unterstützung und weitgehenden Hilfe von seiten des Staats würde der Antrieb aus der eigenen Initiative heraus bei den Schaffenden gelähmt werden: „Der Gegensatz der Subvention und Unterstützung also, die Selbsthilfe, sie ist allein, wie seit jeher durch viele Erfahrungen erprobt ist und wie auch wir wiederum durch unsere zahlreichen Organisationen im Lande bewiesen haben, die richtige Grundlage, auf welcher alle derartigen Unternehmungen nur gedeihen können, die Selbsthilfe, und ein für allemal die Selbsthilfe! Es gibt nichts anderes auf diesem Gebiete, was den Namen verdiente, nur die Selbsthilfe ist hier nachhaltige, wirkliche Hilfe“[53]).

[51]) A. a. O. I, S. 23.
[52]) A. a. O. I, S. 52.
[53]) A. a. O. I, S. 179/180.

Schulze-Delitzsch hat mehrfach die verschiedenen Formen, welche die genossenschaftliche Arbeit annehmen kann, eingeteilt. Er unterscheidet in großem Rahmen gewerbliche Genossenschaften mit dem Ziel, eine lohnende Tätigkeit für alle Schaffenden zu bewirken, und wirtschaftliche und Kreditvereine als „gemeinschaftliche Angelegenheit der Arbeiter aller Klassen". Unter „Arbeiter" versteht Schulze-Delitzsch hier, wie auch sonst, vor allem die Handwerker und Gewerbetreibenden. Später hat Schulze-Delitzsch die Genossenschaften nach einem anderen Gesichtspunkt eingeteilt, um die beiden Gruppen, die er aufstellt, zu unterscheiden. Er nähert sich dabei sehr dem Ideal der Produktivgenossenschaften, das heißt der Verbindungen von Arbeitern auf genossenschaftlicher Basis zur gemeinsamen Führung eines Fabrikbetriebes. Er unterscheidet jetzt wirtschaftliche (distributive) Genossenschaften, die den Einkauf und den Vorschuß zu betreuen haben, von den gewerblichen (produktiven) Genossenschaften, die er als die höhere Stufe ansieht. Er ist dabei der Meinung, daß die Genossenschaften an die Stelle der Innungen zu treten haben: „. . . allein das alte Zunftwesen mit seiner bloß formalen, beschränkenden Tendenz ist ohne allen Inhalt und tot, und es ist durchaus vergeblich, durch die Gewerbegesetzgebung von außen wieder ein Leben hineinbringen zu wollen, welches nicht aus der inneren Kraft des Organismus selbst hervorquillt. Nicht der Zwang, das eigne Interesse muß den Anschluß hervorbringen und den Verbänden Halt geben, wenn dieselben dauernd auf die Hebung des Arbeiterstandes einwirken sollen. Die Assoziationen, mit der ganzen Macht und Fülle ihres Prinzips, sind Innungen der Zukunft!"[54]).

c) *Aus den Schriften von Schulze-Delitzsch*

Einwirkung der Genossenschaften auf Geist und Sinn der Mitglieder

„Über die wichtigsten, materiellen Vorteile der Assoziationen dürfen wir die vielleicht weniger handgreifliche Einwirkung auf Geist und Sinn der Mitglieder nicht übersehen, welche nach den gemachten Erfahrungen nicht hoch genug angeschlagen werden kann. Wenn schon durch Minderung des äußeren Notstandes für die innere Entwicklung entschieden Raum gewonnen wird, so greift das Zusammentreten in größere Gemeinschaften auch direkt höchst vorteilhaft in die intellek-

[54]) A. a. O. I, S. 56/57.

tuelle und sittliche Bildung der Arbeiter ein. Durch den erweiterten Geschäftsbetrieb der Gesellschaft, der über die enggezogenen nächsten Kreise, in welche die Tätigkeit des einzelnen gebannt ist, hinausgeht, weitet sich der Blick, gewinnt die Umsicht der Mitglieder. Der großartige Verkehr schärft die Spekulation, befeuert den Unternehmungsgeist und lehrt sie, sich aller der kaufmännischen Vorteile und Einrichtungen zu bedienen, ohne welche ein wirklich lohnender Betrieb in irgendeiner Geschäftsbranche je länger desto mehr unmöglich wird. Beratungen und Beschlüsse über die gemeinschaftlichen Unternehmungen veranlassen einen Austausch, einen Kampf der Meinungen, welcher zur Berichtigung der Ansichten wesentlich beiträgt, den Tüchtigen Gelegenheit bietet, sich geltend zu machen, den Unerfahrenen, zu lernen. Alles dieses steht wieder in inniger Wechselbeziehung auf Sinn und Wesen der Mitglieder überhaupt. Mit dem erhöhten Selbstgefühl des einzelnen, der sich als Glied einer mächtig aufstrebenden Gemeinschaft weiß, geht die Selbstachtung Hand in Hand und bewahrt ihn vor manchen Ausschreitungen. Zugleich führt die Solidarität, als Grundlage der ganzen Vereinigung, eine gegenseitige Kontrolle der Mitglieder untereinander von selbst mit sich, da jedes bei der Tüchtigkeit, Ordnungsliebe und Ehrlichkeit des anderen im hohen Grade interessiert ist, weil alle füreinander, bis zu einem gewissen Punkte, einstehen müssen, der Ruin des einen also die Verpflichtung der übrigen erschwert. Was aber als die eigentliche Blüte des Assoziationswesens erscheint, das ist die Hebung des Gemeinsinns, welche von ihnen aus sich auf das erfreulichste auf alle Beziehungen der Mitglieder überträgt. Durch die Vereinigung in den nächsten Berufs- und Erwerbskreisen gewöhnen sich dieselben, das eigene Interesse mit dem der Gesamtheit zu verknüpfen und in dem Wohlstande der anderen eine Bürgschaft für den eigenen zu finden; denn je mehr wohlhabende Mitglieder einer Assoziation angehören, desto fördernder wirkt dies auf ihren Kredit, die Ausbreitung ihrer Geschäfte ein. Das Gefühl der Zusammengehörigkeit, der Gemeinschaft in Zweck und Mitteln, des gegenseitigen Bedürfens und Förderns, welches jeden in dem anderen sich selbst respektieren lehrt, weckt den Sinn für das öffentliche Wohl, für gemeinnütziges Wirken, welcher, durch gemeinsames Handeln innerhalb der Assoziation stets lebendig erhalten, sich auch in weiteren Kreisen bei jeder Gelegenheit betätigt"[55]).

[55]) Schulze-Delitzsch, Schriften und Reden I, 30 f.

Der Notstand der arbeitenden Bevölkerung

„Erst seit dem außerordentlichen Aufschwung der Industrie, insbesondere der Fabriken in diesem Jahrhundert, kennen wir bei uns das industrielle Proletariat, mit dem wir es zu tun haben und welches mit der steigenden Blüte und Vervollkommnung jener Etablissements gleichen Schritt hält. Um dieselben häufen sich Massen mittelloser Arbeiter, welche, zu ganz speziellen mechanischen Verrichtungen herangebildet, einzig in ihnen Beschäftigung finden. Von dem bei dem größeren Teile niedrig bemessenen Lohne, der ihre einzige Existenzquelle bildet und meist nur zur dringenden Lebensnotdurft hinreicht, können sie nichts oder nur sehr wenig sparen. Sobald daher durch Unglücksfall, Krankheit, Alter ihre Arbeitsfähigkeit geschwächt oder vernichtet wird, sind sie dem Elend preisgegeben. Außer diesem Endziel ihrer Laufbahn, das ihnen stets vor Augen schwebt, bedroht aber auch noch jede Handelskrise, jeder Unglücksfall des Fabrikunternehmers, welche ihre gänzliche oder teilweise Entlassung, sei es für immer oder auf Zeit, und somit die Reduktion der Löhne,. die Schließung des Etablissements nach sich ziehen, ihre Existenz. Daß ein so unsicheres und kümmerliches Los, bei schwerer Arbeit und harter Entbehrung die endliche Aussicht auf das Almosen nicht geeignet ist, die Masse der Arbeiter in sittlicher und wirtschaftlicher Hinsicht auf einer nur leidlichen Stufe zu erhalten, wird niemand wundernehmen. Und wenn dann zu diesen in ihrer Stellung liegenden Übelständen, deren Abstellung nicht in ihrer Macht liegt, sich noch die Folgen der eigenen dadurch bedingten Demoralisation gesellen, so ist das Maß des Elends voll, das immer größere Ausdehnung gewinnt, den einzelnen die Kraft, sich jemals wieder emporzuarbeiten, je länger je mehr entzieht und in der Fäulnis der hinwelkenden zugleich die Keime der künftigen Generation mit vergiftet.

Weiter bringt es aber die Natur dieser Verhältnisse mit sich, daß sich ihre Rückwirkung nicht auf die in den Fabriken beschäftigten Lohnarbeiter beschränkt, sondern sich auch auf die bisher selbständigen Produzenten, welche ein kleines Geschäft für eigene Rechnung treiben, insbesondere die Handwerker, erstreckt. So viel steht nämlich unbestreitbar fest: daß der fabrikmäßige Geschäftsbetrieb die Produktionsfähigkeit, die Ergiebigkeit der Arbeit außerordentlich erhöht, und daß, wo er zur Anwendung kommt, alle Produkte weit rascher, billiger, meist auch besser gefertigt werden können, als dies auf handwerklichem Wege möglich ist. Die Fabrik verdrängt daher das Handwerk in denjenigen Industriezweigen, die sie in ihren Bereich zieht, vom Markte, indem sie ihm auf die Dauer die Konkurrenz unmöglich macht. Da sie sich nun einer nach der anderen von den bisher von Handwerkern betriebenen Geschäftsbranchen bemächtigt, wie wir fast täglich erleben, so wird, wenn dies fortgeht, in nicht zu ferner Zeit den letzteren kein einziger Schlupfwinkel mehr übrigbleiben, in welchen sie sich vor jeder übermächtigen Konkurrenz zurückziehen können. Und wenn schon jetzt nicht wenige früher selbständige Meister sich in den Fabriken nach Arbeit umzusehn genötigt sind, so liegt die Befürchtung nahe, daß die ganze Masse der Handwerker allmählich zu bloßen Lohnarbeitern der großen Etablissements herabsinken und jenes unselige Fabrikproletariat vermehren wird.

Schon die eben vorgetragenen Tatsachen führen zu dem Schlusse: daß der Notstand der arbeitenden Klassen die Folge des Entwicklungsganges der neuen Industrie ist"[56]).

Ein Weg, dieses Notstandes Herr zu werden

„Wir fordern zuerst von dem einzuschlagenden Wege, daß derselbe nicht bloß einseitig das Wohl einer einzelnen Klasse der Arbeiter verfolgt, vielmehr die ganze arbeitende Bevölkerung umfasse und ganz besonders dahinziele, die gewerbliche Selbständigkeit der bisherigen Kleinmeister aufrechtzuerhalten, sowohl um deren selbst willen als auch, weil ihr Herabsinken zu bloßen Lohnarbeitern zugleich auf die Zustände dieser letzteren einen entschieden ungünstigen Einfluß ausüben würde.

Sodann darf dabei der industrielle Fortschritt nicht aus dem Auge gelassen werden, vielmehr muß man sich hüten, im vergeblichen Ankämpfen dagegen Zeit und Mittel unnütz zu vergeuden, und dafür lieber die großen Hilfsmittel, die er bietet, dem Zwecke dienstbar zu machen suchen.

Endlich aber müssen alle Bestrebungen zum Wohl der arbeitenden Klassen auf die innere sittliche und wirtschaftliche Stärkung derselben, auf die Erweckung und Hebung der eigenen Kraft, auf die Selbsthilfe der Beteiligten gegründet sein, wenn die Aufgabe ernstlich der Lösung zugeführt werden soll.

Von allen bisher praktisch in Anwendung gebrachten Mitteln gibt es nun bloß ein einziges, welches die vorstehenden Requisite in sich vereinigt und den Widerspruch löst, in dem

[56]) A. a. O. I, S. 194 f.

wir uns zu befinden scheinen, wenn wir einerseits nur dem Großbetriebe eine gewerbliche Zukunft vindizierten, andererseits das Vorhandensein der Bedingungen dazu bei den Arbeitern bestritten. Faßt man freilich die Aufgabe so, daß jeder einzelne Handwerker oder Arbeiter in einen großen Unternehmer umgewandelt werden solle, so fehlt es bei der großen Mehrzahl dieser Leute an nicht weniger als allen Erfordernissen dazu, das ist sicher. Allein, diese Sachlage ändert sich sofort, sobald sich die Leute entschließen, die Vereinzelung aufzugeben, welche sie den großen Etablissements gegenüber zu solcher Ohnmacht herabdrückt. Und dies geschieht mittels der Assoziation, der Vergesellschaftung im Erwerb. »Mehrere kleine Kräfte vereint, bilden eine große, und was man nicht allein durchsetzen kann, dazu soll man sich mit anderen verbinden,« dies der einfache, uralte Satz, auf welchem sie beruht, dessen Anwendung wir, seitdem es eine Geschichte gibt, überall, wo Menschen auftreten, eine Menge der großartigsten Schöpfungen verdanken. Und dieser Weg ist es auch allein, der die Handwerker und die Arbeiter in den Stand setzt, zur Selbständigkeit in geschäftlicher Beziehung zu gelangen, und die Schranken der Dienstbarkeit, wenn sie allzu hart werden, zu durchbrechen. Denn das, woran es den einzelnen unter ihnen, wie wir sahen, hierzu gebricht, das erforderliche Maß von Intelligenz und Kapital, wird durch ihren Zusammentritt zu einer engverbündeten Gesamtheit alsbald ergänzt. Zunächst findet sich unter der Menge meist einer oder der andere, welcher die nötige Kenntnis und Umsicht besitzt, dem Ganzen oder einzelnen Geschäftsbranchen vorzustehen. Schlimmstenfalls kann man aber, beim Mangel solcher Persönlichkeiten, andere im kaufmännischen oder Fabrikfache selbst gebildete Männer entweder als Teilnehmer gewinnen oder gegen angemessenes Honorar engagieren, sobald nur das nötige Betriebskapital vorhanden ist. Die Erreichung dieses ersten und letzten Requisits für jede derartige Unternehmung ermöglicht aber die Assoziation den Handwerkern und Arbeitern in so genügender, wahrhaft überraschender Weise, wie kein anderer der bisher eingeschlagenen Wege. Erst sie macht die Arbeiter eigentlich kreditfähig, ein Punkt, bei dem wir, seiner großen Wichtigkeit halber, da er den Haupthebel bildet, welchem die Arbeiterassoziation ihre Erfolge verdankt, ein wenig verweilen müssen. In seiner Vereinzelung erhält der mittellose Arbeiter seine soziale Bedeutung, seinen wirtschaftlichen Wert sozusagen, nur durch seine Arbeitskraft, welche allein ihm die Existenz, der

Gesellschaft die Erfüllung seiner Verpflichtungen garantiert. Nun ist aber die Verwertung dieser Arbeitskraft mittels lohnender Beschäftigung teils von mancherlei persönlichen Eigenschaften, welche sich leicht der Kontrolle entziehen, teils von einer Menge von Zufällen abhängig, die der Arbeiter nicht in seiner Gewalt hat. Aus diesem Grunde gilt die Arbeitskraft des einzelnen im Verkehr nicht als Sicherheit für die Kapitalanlage. Dem wird aber abgeholfen, sobald sich eine größere Zahl von Arbeitern assoziiert und in der Form der Solidarität die Gefahr füreinander übernimmt, so daß, dem Gläubiger gegenüber, einer für den anderen und jeder für das Ganze der Schuld haftet. Kommen dann auch einzelne darunter, infolge zufälligen oder verschuldeten Mißgeschicks, außerstand, ihre Verpflichtungen zu erfüllen, so werden sie von den anderen mit übertragen, und die Verteilung des Ausfalls auf viele macht dessen Deckung leichter möglich und weniger lästig. Daß eine solche größere Menge mit einem Male durch Unglücksfälle oder sonst arbeitsunfähig werden könnte, ist ebensowenig zu befürchten, als daß sie auf die Dauer ohne Beschäftigung bleiben sollte, da die Gesellschaft wohl des einzelnen, niemals aber der Arbeiter im großen und ganzen zu entbehren vermag. Auf diese Weise gewinnt die solidarische Haft solcher verwandter Arbeitergruppen im Verkehr den Wert einer Hypothek, und die Kapitalisten verschließen ihre Kassen, welche sie dem einzelnen zu öffnen Bedenken trugen, nicht länger vor einer so organisierten Gesamtheit, wie die Erfahrung bei den vielfach gemachten Versuchen bewährt hat, über welche später an der geeigneten Stelle die speziellen rechnungsmäßigen Belege beigebracht werden sollen.

Zur Assoziation also drängt alles, sie ist das einzige Rettungsmittel für die unbemittelten Arbeiter und Handwerker. In ihr muß sich inbesondere für die letzteren die alte Zunft verjüngen, welche in unseren Tagen völlig zweck- und inhaltlos geworden ist. Das, um was es sich gegenwärtig handelt, ist keine politische, sondern eine rein wirtschaftliche Aufgabe. Nicht die kleinen Gewerbetreibenden durch polizeiliche Verbote gegen die Konkurrenz des Großbetriebs schützen, sondern sie zur Konkurrenz mit demselben selbst befähigen; nicht jene zu dem niedrigeren industriellen Standpunkt der letzteren herabziehen., sondern die letzteren zu dem höheren Standpunkt ihrer bisherigen Gegner emporheben, darauf kommt es an. Dies vermag aber nur die Assoziation mit ihren außerordentlichen Hilfsmitteln, indem sie die in ihrer Vereinzelung

Schwachen zum großen mächtigen Ganzen einigt, in welchem jeder den sicheren Boden für die günstigste Verwertung seiner Arbeitskraft findet"[57]).

Aus dem Statut der Assoziation zur Anschaffung nötiger Lebensbedürfnisse zu Delitzsch

§ 1. Stiftung und Zweck der Assoziation

Die Unterzeichneten vereinigen sich, behufs billiger und guter Beschaffung der nötigsten Lebensbedürfnisse, zu einer Assoziation, welche ihre Angelegenheit durch Mehrheitsbeschlüsse der Mitglieder ordnet, die Führung der Geschäfte aber einem aus ihrer Mitte zu erwählenden Ausschusse überträgt.

§ 2. Fonds und Umfang

Der Betriebsfonds der Assoziation wird:

a) durch Einlagen der Mitglieder,
b) durch Darlehen, welche dieselben unter solidarischer Verhaftung aller aufnehmen,

gebildet, und zum Ankauf der nötigsten Lebensbedürfnisse, hauptsächlich an Viktualien, im großen und ganzen verwendet, welche sodann den Mitgliedern in kleineren Partien abgelassen werden.

Auf welche Artikel sich hiernach das Assoziationsgeschäft erstrecken soll, muß nach dem vorwaltenden Bedürfnisse sowie dem disponiblen Kassenbestande jedesmal durch besondere Beschlüsse, ebenso wie die näheren Bedingungen des Einzelvertriebs, festgestellt werden"[58]).

4. Friedrich Wilhelm Raiffeisen:

Genossenschaft und Kreditnot der Landwirtschaft

a) Lebenslauf von Friedrich Wilhelm Raiffeisen

Raiffeisen wurde geboren am 30. März 1818 in Hamm an der Sieg, einem Nebenfluß des Rheins. Durch den frühen Tod seines Vaters kam er in sehr schwierige Verhältnisse, die es unmöglich machten, daß er eine andere als die Volksschule besuchte. Er stand unter dem Einfluß des Pfarrers seiner Gemeinde, und auch von seiner Mutter wird berichtet, daß sie sehr fromm war. Mit 17 Jahren trat er als Freiwilliger in die

[57]) A. a. O. I, S. 229 ff.
[58]) A. a. O. I, S. 71/72.

7. Artillerie-Brigade in Köln ein und machte die militärische Laufbahn durch bis zur Prüfung als Oberfeuerwerker, die er im Frühjahr 1840 ablegte. Er wurde dann zur Abnahme von Eisenmunition der Staatlichen Eisengießerei in Sayn bei Koblenz kommandiert. Raiffeisen erkrankte an einem schweren Augenleiden, das sich zuerst im Jahre 1842 bemerkbar machte, und mußte 1843 die militärische Laufbahn wieder aufgeben. Er erhielt dann Gelegenheit, sich bei der Regierung in Koblenz in den Verwaltungsdienst einzuarbeiten, und wurde nach eineinhalbjähriger Ausbildungszeit zum kommissarischen Kreissekretär des Kreises Mayen ernannt. Später erhielt er die kommissarische Verwaltung der Bürgermeisterei Weyersbusch im Kreise Altenkirchen. Diese Verwaltung begann im Februar 1845. Er wurde durch Verfügung der Regierung am 20. Januar 1847 in seiner Stellung endgültig bestätigt. Bereits ein Jahr später erhielt er als großen Wirkungskreis die Bürgermeisterei Flammersfeld zugewiesen, wo er am 22. April 1848 endgültig angestellt wurde. Im Sommer 1852 wurde darüber verhandelt, daß er die Bürgermeisterei Heddesdorf im Kreise Neuwied übernehmen solle. Er wurde dort am 16. September 1852 eingeführt und am 21. November 1853 bestätigt. Seine schwere Augenerkrankung zwang ihn, die Stellung, in der er, wie auch in seinen früheren Stellungen, Hervorragendes leistete, frühzeitig aufzugeben, und er trat am 16. Oktober 1865 in den Ruhestand.

Nachdem er bereits im Winter 1846/47 einen Konsumverein in Weyersbusch gegründet und am 1. Dezember 1849 den Flammersfelder Hilfsverein ins Leben gerufen hatte, war seine letzte Gründung in seiner Amtszeit der Heddesdorfer Wohltätigkeitsverein. Diese Gründung fand statt am 22. Juli 1854; am 22. Juli 1864 wurde er in der bisherigen Form aufgelöst und in den Heddesdorfer Darlehnskassenverein umgeformt. Nachdem er in den Ruhestand übergetreten war, wirkte Raiffeisen noch erfolgreich über 20 Jahre in angestrengter genossenschaftlicher und geschäftlicher Tätigkeit für seine Ideen. Am 11. März 1888 starb er in seinem Hause in Heddesdorf bei Neuwied.

b) Gründung und Grundsätze der landwirtschaftlichen Genossenschaften

In seiner Verwaltungstätigkeit als Bürgermeister in Weyersbusch, Flammersfeld und Heddesdorf hatte Raiffeisen mannigfache Gelegenheit, die außerordentlichen Schwierigkeiten kennenzulernen, mit denen die Landwirtschaft in seiner Zeit zu kämpfen hatte. Betroffen wurden von diesen in erster Linie die kleineren Landwirte, während die großagrarischen Unternehmungen sich noch am ehesten gegen den aufkommenden industrialisierten Erwerbsbetrieb behaupten konnten. Raiffeisen war von der Notwendigkeit, eine gesunde Landwirtschaft zu erhalten, überzeugt. Er sagt geradezu: „Da von dem guten Bestehen der ländlichen und besonders der landwirtschaftlichen Bevölkerung das gute Bestehen der ganzen Gesellschaft und besonders auch des Staates abhängt, so ist die Frage nach der Art dieser Hilfe eine der brennendsten Tagesfragen, ja einer der wichtigsten Teile der sozialen Frage geworden"[59]).

Es war aber nicht nur diese volkswirtschaftliche und soziale Erwägung, die Raiffeisen zu seinen Arbeiten und zu seinem lebenslangen Wirken im Dienst der Erhaltung der Landwirtschaft veranlaßt hatte. Die eigentliche Grundlage seiner inneren Haltung und seiner Gesinnung war ein praktisch verstandenes Christentum. Raiffeisen war einer der Männer, die das Christentum nicht nur als einen Glauben vertraten, der neben dem Leben selbst bestehen kann, sondern seine Überzeugung lag darin, daß man keinerlei Recht habe, sich als Christen zu bezeichnen, wenn man nicht in seiner Arbeit dem praktischen Gebot des Christentums, der Nächstenliebe dient: „Leider wird heutzutage vielfach dahin getrachtet, rücksichtslos zu erwerben und zu genießen und sich um die Mitmenschen weiter nicht zu kümmern, als dies durch den eigenen Vorteil und den äußeren Zwang geboten ist. Darin, in der herrschenden Selbstsucht, liegt die Krankheit unserer Zeit. Das erwähnte Gebot wird wenig, teilweise gar nicht mehr beachtet. Man bekennt sich zu dem christlichen Glauben, bedenkt aber nicht, daß der Glaube in der Betätigung der Liebe seine Probe bestehen muß, daß wahre Gottesliebe ohne Nächstenliebe ganz undenkbar ist. Heißt es doch im 1. Briefe Joh. 4, 20: ‚Wer seinen Bruder nicht liebet, den er sieht, wie kann der Gott lieben, den er nicht sieht?' Vom christlichen Standpunkte bilden wir als Kinder eines himmlischen Sohnes Gottes eine große Familie. Daraus ergibt sich aber, daß wir die Fürsorge, ebenso auf die ‚Nächsten', auf die Mitmenschen ausdehnen sollen, wie auf uns selbst und die eigene Familie, und daß es Pflicht ist, nicht allein für sich und die eigenen Angehörigen zu sorgen, sondern auch der Nebenmenschen zu gedenken"[60]).

Er war sich klar darüber, daß die Aufgaben, die er seinen

---

[59]) F. W. Raiffeisen, Die Darlehenskassenvereine, 6. Auflage 1923; S. 8/9.
[60]) A. a. O. S. 72/73.

Genossenschaften stellte, in hervorragendem Maße eine selbstlose, verantwortungsvolle Tätigkeit verlangen. Er bewies dabei einen starken Opfergeist und beanspruchte diesen auch von seinen Mitarbeitern. „.. Dazu ist eine Opferwilligkeit und eine Ausdauer nötig, wie solche die gebräuchlichen Schlagwörter Gemeinsinn und Nächstenliebe zu geben nicht imstande sind. Wir betonen daher ausdrücklich die christliche Nächstenliebe, welche in der Gottesliebe und in der Christenpflicht wurzelt, daraus ihre Nahrung zieht, und je mehr geübt, um so kräftiger, um so nachhaltiger wird eine Befriedigung gewährt, welche durch keinerlei materielle Vergütung ersetzt werden kann, ja diese sogar verschmäht . . ."[61]). Aus dieser gesinnungsmäßigen Grundlage der Arbeit von Raiffeisen läßt sich manches verstehen, was seine Leistung von der der Genossenschaften etwa von Schulze-Delitzsch unterscheidet, und der Streit, der mit Heftigkeit zwischen Schulze-Delitzsch und Raiffeisen geführt wurde, hatte zum Teil seinen Grund darin, daß Raiffeisen in seiner Weise aus christlicher Liebesgesinnung heraus arbeitete, während Schulze-Delitzsch mehr von dem nüchternen Sachverstand des Juristen geleitet wurde.

Die christliche Gemeinschaftsgesinnung, die für Raiffeisen der letzte Beweggrund seines Schaffens war, spricht sich auch in seiner Auffassung von der organisatorischen Grundlage seiner Genossenschaften aus. Er wollte diese Genossenschaften als Gemeinschaften aufgebaut haben. Daraus ergab es sich von selbst, daß nur kleinere Kreise in ihnen zusammengeschlossen werden konnten. Denn nur ein kleiner Kreis von Menschen, die sich untereinander kennen, kann auf die Dauer eine Gemeinschaft begründen. Da diese Gemeinschaften außerdem christlich sein sollten, ergab es sich leicht, daß die Pfarreien und Kirchspiele die Grundlage für den Aufbau der Genossenschaften herzugeben hatten. Raiffeisen verlangte daher, daß die Mitglieder im Vereinsbezirk wohnten, und er meinte, daß die Pfarreingesessenen, d. h. die zu einer bestimmten kirchlichen Gemeinde gehörenden Genossenschaftsmitglieder, gleichsam eine erweiterte Familie darstellen sollten.

Aus dieser menschlichen und organisatorischen Begründung der Genossenschaft ergibt es sich wiederum, daß alle miteinander gemeinsam für die aufgenommenen Gelder haften, mit anderen Worten: die solidarische Haftung ist die nächstliegende Form des wirtschaftlichen Aufbaus in einer solchen Genossenschaft.

---

[61]) A. a. O., S. 4.

Natürlich ist es bei den Menschen, die in den ersten Vereinen Raiffeisens zusammengeschlossen waren, als ein bedeutender Vertrauensbeweis zu bewerten, wenn sie sich in dieser gemeinsamen Haftung zusammenfanden. Raiffeisen bestand deshalb mit Nachdruck darauf, daß niemand in die Genossenschaft aufgenommen wird, der nicht in sittlicher wie in wirtschaftlicher Hinsicht alle Anforderungen, die man gegenüber einer solchen Vertrauensleistung beanspruchen kann, erfüllt. Genaueste Prüfung der Verhältnisse und der Würdigkeit der Darlehnsnehmer ist eine Selbstverständlichkeit. Denn der Kredit, der in der Genossenschaft Raiffeisens gegeben wird, d. h. das Geld, das im Vertrauen auf den Darlehensnehmer ihm zur Verfügung gestellt wird, ist an die Persönlichkeit des Darlehensnehmers gebunden. Es ist ein Personalkredit. Dieser wird nicht gesichert durch Sachwerte, sondern durch die persönliche Zuverlässigkeit und Leistungsfähigkeit des Mannes, der ihn bekommt.

Um eine so ganz auf den Menschen gegründete Genossenschaft aufbauen, erweitern und sichern zu können, ist es notwendig, auf ihn veredelnd einzuwirken. „Die wahre und eigentliche Aufgabe der Vereine besteht darin, die Verhältnisse der Mitglieder in sittlicher und materieller Beziehung zu verbessern“[82]). Dabei glaubte Raiffeisen, von den Menschen moralische und sittliche Leistungen nicht verlangen zu können, wenn nicht die genügende materielle Grundlage dafür da ist. Vielmehr soll es gerade einer der Hauptzwecke seiner Genossenschaften sein, diese materielle Grundlage zu schaffen. Es besteht also eine doppelte Beziehung des Menschlichen und Sittlichen zu dem Wirtschaftlichen bei Raiffeisen. Auf der einen Seite soll ein wirtschaftlicher Vorteil geschaffen werden, damit die Menschen fähig werden, ein besseres Leben aufzubauen, auf der anderen Seite aber ist die moralische und menschliche Besserung und ein menschenwürdiges Leben die Voraussetzung dafür, daß die Genossenschaft in ihrer wirtschaftlichen Leistung gesund sein und ihren Mitgliedern die Vorteile bieten kann, die sie verspricht. Raiffeisen sagt daher: „Bekanntlich läßt sich das geistige Wollen von dem materiellen Wollen nicht trennen. Es finden in dieser Beziehung im Leben Wechselwirkungen statt. Armut und materielle Verkommenheit sind unzweifelhaft die günstigsten Pflanzstätten der Verbrechen und Laster aller Art“[83]).

[82]) A. a. O., S. 8.
[83]) A. a. O., S. 13.

Auch in seiner Auffassung der Tätigkeit in seinen Genossenschaften geht Raiffeisen von der Voraussetzung selbstloser Arbeit für die Sache aus. Soweit als möglich soll alle Tätigkeit in der Genossenschaft ehrenamtlich ausgeführt werden und nur den sogenannten „Rechner", den Buchhalter, wünscht Raiffeisen besoldet zu sehen. Diese Einseitigkeit, die sich in heutigen Verhältnissen nur noch teilweise aufrechterhalten läßt, ist kennzeichnend dafür, wie sehr Raiffeisen den Dienst am Mitmenschen und die freiwillige Hilfe und uneigennützige Tätigkeit betont. Konsequent zu verwirklichen war diese Auffassung nur so lange, als allein kleine und kleinste Genossenschaften bestanden.

Wenn also in dieser Weise der genossenschaftliche Aufbau bei Raiffeisen ganz auf christliche Gemeinschaftsgesinnung gegründet ist, so spricht sich diese erst recht in dem Zweck aus, den er den Genossenschaften stellen will: „In erster Linie sollen die Vereine dahin wirken, die Armut zu beseitigen, d. h. sie sollen zunächst ihre Fürsorge den Hilfsbedürftigen zuwenden"[64]). Entsprechend diesem Zweck hatte Raiffeisen zunächst einen Zusammenschluß der begüterten Kreise in seinem Amtsbezirk mit den armen und gefährdeten herbeizuführen gesucht. Er wollte durch diesen veranlassen, daß die Reichen mit die Bürgschaft übernahmen für den für die Mittellosen gesuchten Kredit, so daß auf diese Weise auch die Armen indirekt mit in den Genuß der Vorteile des Reichtums kämen. Das eigentlich genossenschaftliche Prinzip hatte Raiffeisen damit noch nicht gefunden. Vielmehr stand er hierbei noch auf dem Standpunkt der Wohltätigkeit, denn in dieser Form des Vereins waren die einen die Gebenden und die anderen die Nehmenden. Dies war ein Angriffspunkt für Schulze-Delitzsch, der die Selbsthilfe als grundlegend ansah für die genossenschaftliche Arbeit. Raiffeisen hat sich später stark an diesen Selbsthilfegedanken von Schulze-Delitzsch angeschlossen und erst nachdem er eine Zeitlang seine Vereine ganz einseitig nach dem Prinzip der Selbsthilfe aufgebaut hatte, fand er den Weg zu einer Verbindung des christlichen Solidaritätsgedankens mit dem Prinzip der Selbsthilfe. Damit waren seine Vereine erst zu wirklichen Genossenschaften geworden, denn nur die Verbindung eines Strebens, sich selbst zu helfen mit einem Gemeinschaftsgefühl und Solidaritätsbewußtsein macht die Genossenschaft aus.

Während hierin Raiffeisen vieles von Schulze-Delitzsch

---

[64]) A. a. O., S. 20.

übernommen hat, ist er in einem anderen Punkt entschieden anderer Auffassung geblieben. Die Genossenschaften von Schulze-Delitzsch waren in Name und Sache „Wirtschafts- und Erwerbsgenossenschaften", in denen die Handwerker und Kleingewerbetreibenden sich gegenseitig in ihrer Erwerbstätigkeit helfen wollten. Es war daher ein geschäftsmäßiger Zug in diese Genossenschaften hineingekommen. Diesen lehnt Raiffeisen ab. Für ihn bleibt unter allen Umständen die menschlich-sittliche Hilfe das Entscheidende, und er bekämpft jeden Geschäftsgeist. Schulze-Delitzsch sagte: „Das Einsetzen eines solchen eigenen Kapitals (des Geschäftsanteils) ist Grundbedingung jedes Geschäftsbetriebes, und die Gestaltung, die allmähliche Bildung aus den wachsenden Anfängen heraus, ist bestimmt das mindeste, was man bei Gründung eines derartigen Unternehmens fordern muß"[65]). Er verlangte daher Geschäftsanteile, während Raiffeisen darin einen Ausdruck von kapitalistischem Geist sah, der für seine Genossenschaften nicht nötig sei: „. . . Die hier in Betracht kommenden ländlichen Verhältnisse sind ganz andere, als diejenigen der Städte. Die Familienväter einer Gemeinde oder Pfarrei treten, wie wir zuvor gesehen haben, zu einem Verein zusammen. Da dieselben mit ihrem ganzen Vermögen, also mit Haus, Hof, sämtlichen Ländereien und dem sehr wertvollen Mobiliar, Vieh usw. haften, so ist selbst, wenn auch Schulden vorhanden sind, die Garantie eines solchen Vereins außerordentlich groß und nur ein verschwindend kleiner Teil der garantierten Gesamtsumme zur Befriedigung des Geldbedürfnisses der Mitglieder erforderlich. Die Geschäftsanteile können also bei den ländlichen Darlehnskassen-Vereinen in bezug auf die Begründung des Kredites sehr gut entbehrt werden"[66]).

Während er die Geschäftsanteile ablehnt, befürwortet Raiffeisen um so stärker das Beschaffen eines Reservefonds, d. h. eines Eigenvermögens der Vereine. Dieses soll unentziehbar bleiben, d. h. es soll für keinerlei besondere Zwecke verwendet werden dürfen und unter allen Umständen erhalten bleiben. Damit ein solches eigenes Vermögen zustandekommen kann, sollen alle Gewinne, die die Genossenschaft macht, gesammelt und aufgespart werden. Auf diese Weise kommt den Mitgliedern nur die unmittelbare Leistung der Genossenschaft selbst zugute, nicht aber der Gewinn, den sie bei ihrer Geschäftsführung erzielt. Der Ertrag dieses Eigenvermögens aus

---

[65]) Die Raiffeisenschen Darlehnskassen, Leipzig 1857, S. 30.

[66]) Raiffeisen, a. a. O., S. 46.

Zinsen soll für wohltätige Zwecke und für kulturelle Leistungen verwendet werden. Auch hierin wieder tritt die Gesinnung Raiffeisens klar zutage. Das letzte Ziel ist das gleiche wie das der Genossenschaft nach Raiffeisen überhaupt: die mittellose Landbevölkerung aus ihrer Verelendung herauszuführen. Raiffeisen hatte es zu stark erlebt, wie der kleine Landwirt allen Schicksalsschlägen wehrlos gegenübersteht, wenn er über keinerlei Kapital verfügt. So will er durch die Genossenschaft einen echten Gemeinbesitz schaffen, wie er früher in der germanischen Dorfgemeinde bestanden hatte. Er hatte es erkannt, wie „das Vermögen der einzelnen bäuerlichen und bürgerlichen Familien einem beständigem Wechsel unterworfen" ist, und er sagt: „. . . Aus diesem Erfahrungssatze kann man eine gute Lehre ziehen, nämlich die: bei dem fortwährenden Vermögenswechsel in den einzelnen Familien ist es für das gute Bestehen einer Gemeinde durchaus notwendig, ein gemeinschaftliches, unteilbares, nicht dem Wechsel unterworfenes Vermögen anzusammeln, welches allen Gemeindeeingesessenen zugute kommt und welches für die herabgekommenen Gemeindemitglieder die Mittel gibt und gleichsam als Leiter dient, um sich wieder emporzuarbeiten. Ein solches gemeinschaftliches Vermögen ist von unberechenbarer Bedeutung. Den hohen Wert desselben haben diejenigen Gemeinden erst recht kennengelernt, welche das frühere gemeinschaftliche Vermögen an Wald, sonstigen Ländereien usw. verteilt haben"[67]).

In der praktischen Bekämpfung der Übelstände, die aus der Mittellosigkeit des Landwirts erwachsen, spielt die erste Rolle der Kampf gegen den Wucher. Mehr als 100 % Zinsen wurden von den Wucherern verlangt, wenn der kleine Landwirt Geld brauchte, und auf den verschiedensten Wegen verstanden diese Schädlinge es in kurzer Zeit, einen Landwirt nach dem anderen zur Strecke zu bringen. Es ist kaum vorzustellen, wohin es geführt haben würde, wenn Raiffeisen hier nicht seinen Kampf begonnen hätte. Die Lage war bei dem Auftreten Raiffeisens etwa folgende: Wenn wir uns einen kleinen Landwirt vorstellen, der ein Gut von mäßiger Größe besitzt, schuldenfrei ist, aber über keinerlei Eigenkapital verfügt, dann wird dieser Bauer im Frühjahr Geld aufnehmen müssen, um Saatgetreide usw. zu beschaffen. Dieses Geld wird er nur zu einem hohen Prozentsatz geliehen bekommen und schon dadurch wirtschaftlich in eine schlechte Lage kommen, denn er muß nun mit seiner Ernte nicht nur die Schuld, sondern einen

67) A. a. O., S. 110.

hohen Betrag an Zinsen erwirtschaften. Dabei bleibt es aber nicht. Sein Geldgeber wird ihn vermutlich dazu zwingen, das Saatgetreide wie alles übrige, was er für seinen Betrieb braucht, durch ihn zu beziehen. Es liegt auf der Hand, daß der Geldgeber seine Macht benutzen wird, um möglichst billige und gewiß nicht die beste Ware zu einem möglichst hohen Preis an seinen Schuldner zu verkaufen. Hierin liegt die zweite wirtschaftliche Schädigung. Dann schließt sich die dritte an, wenn der Bauer seinen Ernteertrag wiederum unmittelbar an den Geldgeber verkaufen muß, wozu er meistens verpflichtet wird und wobei er keineswegs den Erlös aus seiner Ernte gewinnt, den er erwarten sollte. Vielmehr wird er von dem Willen des Geldgebers erneut abhängig, für den es ein Leichtes ist, auch hier für den eigenen Vorteil auf Kosten seines Schuldners zu sorgen. Es ist abzusehen, daß auf diese Weise der Bauer binnen kurzem hoffnungslos verschuldet sein kann und keinerlei Möglichkeit findet, sich aus seinem Netz von materiellen Abhängigkeiten zu befreien.

Raiffeisen veranlaßte den genossenschaftlichen Zusammenschluß der Bauern, der ihnen die Möglichkeit gab, unter solidarischer Haftung Kredite leicht und zu günstigen Zinssätzen aufzunehmen. Eine besondere Schwierigkeit lag darin, daß der Bauer den Kredit notwendigerweise auf längere Zeitabschnitte hin braucht. Denn er hat nicht nur Getreide, Düngemittel usw. einzukaufen, sondern auch Maschinen, und er muß oft kostspielige Neuanlagen schaffen, um seinen Betrieb rentabel zu erhalten. Das verlangt größere Summen, und diese können oft erst in Jahren wieder eingebracht werden. Während die Genossenschaften von Schulze-Delitzsch im allgemeinen dreimonatige Kredite gaben, die vom handwerklichen Betrieb und von sonstigen Erwerbsbetrieben leichter erwirtschaftet werden können, war Raiffeisen gezwungen, Kredite auf die Dauer von fünf, oft bis zu zehn Jahren zu geben. Natürlich spricht sich darin das Vertrauen in den Kreditnehmer doppelt aus, und Raiffeisen selbst war sich der Verantwortung, die hierbei übernommen wird, durchaus bewußt. Schulze-Delitzsch focht dieses Geschäftsgebaren an, da es kaufmännisch und bankmäßig nicht korrekt sei. Aber man muß sagen, daß in dem Streit zwischen beiden Raiffeisen recht behalten hat. Gewiß ist es rein geldmäßig ein großes Risiko; wenn aber die menschlichen Voraussetzungen gegeben sind und die nötige Vorsicht waltet, dann kann dieses Risiko, wie die Erfahrung gezeigt hat, leicht wettgemacht werden.

Nachdem so der Landwirt durch seine Genossenschaft einen billigen Kredit erhalten hat und die erste wirtschaftliche Schädigung durch zu hohe Zinsen vermieden worden ist, kann seine Genossenschaft ihm auch weiterhin die beiden anderen Formen wirtschaftlicher Gefährdung ersparen. Es ist gar nicht nötig, daß der Landwirt den Kredit in Form von Bargeld in die Hand bekommt, sondern die Genossenschaft kann für ihn alle seine Bedarfsgüter beschaffen. Sie wird dies auch in einer für ihn günstigen Weise tun, weil die Genossenschaft ihm nicht als Geschäftsmann gegenübersteht, sondern von seinen eigenen Vertrauensleuten gebildet wird. Endlich übernimmt die Genossenschaft den Absatz seiner Produkte und gewährt ihm den Ertrag seiner Mühe. Als Kreditgenossenschaft, als Einkaufsgenossenschaft und als Absatzgenossenschaft sichert die Raiffeisensche Genossenschaft den Bauern in den drei Hauptrichtungen seiner wirtschaftlichen Erwerbstätigkeit. Dazu kommt die Einrichtung der Sparkassen, die den Landwirt zu einem sicheren Eigenkapital bringen kann, das ihn von der Hilfe durch Kredite unabhängig macht. Auch im Besitz dieses Kapitals, das er auf der Sparkasse seiner Genossenschaft stehen läßt, kann der Bauer weiterhin die Vorteile seiner Genossenschaft genießen. Die Genossenschaft nimmt ihm die wirtschaftlichen Tätigkeiten ab, zu denen er in den meisten Fällen schlecht geschult ist, und ihm bleibt, was seine eigenste Leistung ausmachen muß: die landwirtschaftliche Tätigkeit selbst. Als besondere Leistung der Genossenschaft mag noch erwähnt werden, daß sie größere Einrichtungen und Maschinen anschaffen kann, die der einzelne Bauer in einem Dorf sich nicht zu leisten vermag, etwa Dreschmaschinen, Silos usw. In dieser Form tritt die Genossenschaft als Nutzungsgenossenschaft auf, denn sie verschafft dem Bauern die Möglichkeit, das gemeinsam Erworbene nach Bedarf zu benutzen.

c) Aus Raiffeisens Buch

Die Not der Landwirtschaft aus Kapitalmangel

„Je mehr die Hebung der landwirtschaftlichen Produktion im allgemeinen Interesse liegt, desto tiefer muß man es beklagen, daß dieselbe in jüngster Zeit immer mehr zurückgegangen ist. Ganz besonders zeigt sich dies bei dem landwirtschaftlichen Mittelstande und bei den Kleinbesitzern, welche, zusammengenommen, den wohl größten Teil der Ackerfläche des Reiches zu bewirtschaften haben. Daß die Ernten vielfach unsicher und bei weitem nicht die Erträge liefern, welche sie liefern müßten, ist nicht zu verwundern, wenn man beobachtet, wie mangelhaft die Kräfte und die Stoffe des Bodens und die sonstigen Hilfsmittel, welche die Quelle glücklichen Wohlstandes sein könnten, benutzt werden. Nicht allein in den Gebirgsgegenden, sondern auch in fruchtbaren Tälern kann man sehen, wie der Boden nur einige Zoll tief umgepflügt, der Acker überhaupt in der nachlässigsten Weise bestellt wird. Es fehlt häufig an zweckmäßig eingerichteten Ackergeräten und an kräftigem Zugvieh. Während auf die Pflege des Stalldüngers nicht die gehörige Sorgfalt verwendet wird und, man kann wohl sagen, Millionen an Wert in der kostbaren Jauche unbenutzt bleiben, in Bäche abfließen oder sonstwie untergehen, werden enorme Summen für fremden, nicht selten fast wertlosen Dünger ins Ausland geschickt. Die Wiesen, welche ohne viele Mühe ein vortreffliches Futter liefern könnten, sind vielfach versumpft, teilweise unbewässerbar, in beiden Fällen wenig ertragsfähig. Große Strecken und Ödländereien liegen gänzlich unbenutzt und dienen infolge gänzlicher Verwahrlosung kaum noch zu einer notdürftigen mageren Weide. Die Nebengewerbe wie z. B. Obstbau, Bienenzucht, Weidenpflanzung usw., welche in einzelnen Orten ganz außerordentliche Erträge liefern könnten, liegen fast überall gänzlich darnieder. Macht man hierauf aufmerksam, so wird in der Regel entgegnet, es fehle an den Geldmitteln, um die nötigen Anschaffungen zu machen und nützliche Verbesserungen eintreten zu lassen, der Boden sei zum Tiefpflügen nicht geeignet, die Meliorationen ließen sich aus diesen oder jenen, in Wahrheit unhaltbaren Gründen, nicht ausführen, zu den betreffenden Kulturzweigen sei das Klima nicht geeignet usw. Bei der Bereisung einer der ärmsten Gebirgsgegenden des Reiches wurde uns mitgeteilt, daß, als bei einem Straßenbau durch ein schönes fruchtbares Tal gelegentlich der Planierung der Straßenfläche fünf Fuß Grund von einem Ackerstücke abgetragen worden seien, man den besten ertragsfähigsten Boden gefunden habe. Da die Ernteerträge dieses Grundstücks stets höchst mangelhaft gewesen, habe man öfters dem Besitzer angeraten, tiefer zu pflügen. Dieser habe aber stets behauptet, der Boden lasse dies nicht zu. Es wird überhaupt in dieser Beziehung viel gesündigt, indem man, zusammengenommen, unabsehbare Flächen in derselben Weise bewirtschaftet. Nicht aus Mangel an guten Lagen, nein aus reiner Trägheit und Nachlässigkeit unterläßt man es vielfach, Obstbaumpflanzungen anzulegen. Während auf Stellen, welche zum Ackerbau nicht geeignet sind, eine Masse von Korbweiden erzielt werden, die Korbflechterei also für die betreffende Gegend eine vortreffliche Winterarbeit abgeben könnte, läßt man solche Stellen unbenutzt liegen und schickt eine Menge Gelder für importierte Körbe in fremde Gegenden. Das Spinnrad, welches früher dazu diente, die freie Zeit der weiblichen Hausgenossinnen vortrefflich auszufüllen, ist verhältnismäßig nur noch in wenigen Häusern zu finden. Der Webstuhl, worauf das eigene Gespinst zu einem haltbaren Hemden- und Kleiderstoffe gefertigt wurde, ist bei den Landleuten fast gänzlich verschwunden. Man sagt, man könne das Leinen viel billiger kaufen, als selbst anfertigen. Die Zeit, welche man früher auf das Spinnen und Weben verwandte, wird aber nicht zu anderen nützlichen Arbeiten benutzt, sondern mit Nichtstun, Schwätzen, leider auch vielfach mit nichts weniger als nützlicher Lektüre vergeudet. An Stelle der selbstgefertigten Leinwand, welche früher der Stolz der Hausfrauen war und welche durch ihre Haltbarkeit auf Enkel und Urenkel vererbt werden konnte, ist leichte, fabrizierte Ware getreten, welche zwar beim Ankaufe recht billig ist, aber nur kurze Zeit hält, deshalb oft ersetzt werden muß und so doch schließlich außerordentlich kostspielig ist. Kurz, es sind Mißstände sehr zahlreicher Art vorhanden; wir haben nur einige derselben angedeutet. Während nun dadurch auf der einen Seite die Hilfsquellen und die daraus entspringenden Einnahmen gering sind und immer geringer werden, steigern sich auf der anderen Seite fortwährend die Ausgaben, teils durch die zunehmenden öffentlichen Abgaben, teils aber auch durch die Zunahme solcher Bedürfnisse, von welchen die Bevölkerung früher keine Ahnung hatte. Nicht allein in der Nähe der Städte nimmt der Luxus in unnützen Hausgeräten und in Kleiderflitter zu; es verbreitet sich derselbe sogar bis in die abgelegensten Gebirgsgegenden, und es werden dafür sowie für öffentliche Lustbarkeiten selbst dann noch Ausgaben gemacht, wenn es an Geldmitteln für das tägliche Brot fehlt. Dazu kommt nun noch das Schlimmste von allem: der Wucher. Wie das gierige Raubtier auf das gehetzte und abgemattete edle Wild, so stürzen sich die gewissenlosen und habgierigen Blutsauger auf die hilfsbedürftigen und ihnen gegenüber wehrlosen Landleute, deren Unerfahrenheit und Not ausbeutend, um sich durch die bekannten wucherischen Händel allmählich in den Besitz ihres ganzen Vermögens zu setzen. Eine Familie nach der anderen wird zugrunde gerichtet. Während der eine Teil immer mehr in Not gerät, und immer hilfsbedürftiger wird, steigert sich die Macht und mit ihr die Habgier der mit vereinten Kräften in der frechsten und schamlosesten Weise zusammenwirkenden wucherischen Geldleute. Die Zustände auf dem Lande werden immer unhaltbarer, wenn nicht energisch und nachhaltig hilfreiche Hand geleistet wird. Da, wie schon erwähnt, von dem guten Bestehen der ländlichen und hauptsächlich der landwirtschaftlichen Bevölkerung das gute Bestehen der ganzen Gesellschaft und besonders auch des Staates abhängt, so ist die Frage nach der Art dieser Hilfe eine der brennendsten Tagesfragen, ja wohl der wichtigste Teil der sozialen Frage geworden"[68]).

Darlehen nach Würdigkeit

„. . . Bei den Vereinen ist die wichtigste ihrer Ausführungen das Darlehnsgeschäft. Von dessen Betreibung hängt das Wohl und Wehe des Vereins ab . . . Die Vereine werden in der Absicht gegründet, die gesamten wirtschaftlichen Verhältnisse der Mitglieder zu heben. Dazu ist es nötig, jedes einzelne Vereinsmitglied nicht allein dem Vermögensstande nach, sondern in seinem Verhalten, in seinem Gesamtcharakter zu beurteilen und hiernach die nötig scheinende Hilfe zu gewähren oder an die Erfüllung gewisser Bedingungen zu knüpfen . . .

Es ist nun zunächst Pflicht des Vorstandes, die Vereinsmitglieder in allen diesen Beziehungen aufzuklären, sie mit Freundlichkeit heranzuziehen, ihr Vertrauen zu gewinnen, nicht abzuwarten, bis sie durch den Wucherer oder durch schlechte Wirtschaft, Leichtsinn usw. zugrunde gegangen sind, sondern sie davor zu hüten und durch Zureden, solange es noch Zeit ist, auf einen besseren Weg zu bringen. Den Mitgliedern, welche in ihrer Persönlichkeit und durch Zuverlässigkeit des Charakters und mit aufrichtigem ernstem Bestreben sich emporzuarbeiten, die erforderliche Garantie für gute Verwendung der Darlehen bieten und gute Sicherheit stellen können, muß unter allen Umständen geholfen werden, und es darf der Vorstand nicht ruhen, bis er die nötigen Geldmittel dazu herbeigeschafft hat. Dabei ist es durchaus notwendig, Sicherstellung selbstredend vorausgesetzt, die Hilfe ganz zu gewäh-

68) F. W. Raiffeisen, Die Darlehnskassenvereine, 6. Auflage 1923; Seite 10 bis 13.

ren. So wie schnelle Hilfe doppelte Hilfe ist, so ist halbe Hilfe gar keine Hilfe. Bei dieser wird der Wucherer alle Vorteile, welche der Verein gewährt, an sich ziehen und den betreffenden Hilfsbedürftigen nach wie vor als sein sicheres Opfer betrachten können. Wenn wir vorstehend den Vorständen dringend anempfohlen haben, nicht abzuwarten, bis die Anträge gestellt werden, allen Mitgliedern von vornherein ihre Fürsorge angedeihen zu lassen, ihre Ratgeber zu sein, sie zu warnen, vom Wucher zu befreien und zur Verbesserung ihrer Lage in jeder Beziehung anzuregen, so bezieht sich dies selbstredend nur auf die Fleißigen, Sparsamen und Strebsamen. So dringend wir anempfehlen, diesen die umfassendste Fürsorge und Hilfe angedeihen zu lassen, so dringend müssen wir aber auch abraten, Faulenzern, Verschwendern, Trunkenbolden, nachlässigen Wirtschaftern usw. ein Darlehn zu gewähren.

. . . Die Vereine sollen also von Anfang an nur an solche Mitglieder ausleihen, bezüglich deren man gute Verwendung der Darlehen mit Wahrscheinlichkeit annehmen kann. Nur auf diese Weise kann ein geregelter Geschäftsgang erzielt, das Gerichtsverfahren möglichst ausgeschlossen und auf diejenigen Mitglieder, welche noch nicht auf dem rechten Standpunkte stehen, günstig eingewirkt werden. Auch hier muß der Spruch Beachtung finden: ‚Hilf dir selbst, so hilft dir Gott.' Wer sich nicht selbst helfen will, dem können auch die Vereine, dem kann auch Gott nicht helfen. Zunächst ist also von den Vorständen darauf hinzuwirken, daß sich die betreffenden Mitglieder der Besserung befleißigen. Sobald diese eingetreten ist, kann und darf erst Hilfe gewährt werden . . ."[69]).

„. . . Das Getreide gehört zu den allernotwendigsten Lebensbedürfnissen und ist deshalb leicht verkäuflich. Es gibt neben den Geldgeschäften keinen einträglicheren Betriebszweig als den Getreidehandel. Deshalb befinden sich diese beiden Arten von Geschäften meistens in den Händen einer und derselben Sorte von Menschen. Wucherer sind häufig auch Getreidehändler, und nicht selten Getreidehändler nebenbei Wucherer. Ebenso wie die ländliche Bevölkerung nun die Geldgeschäfte durch die Organisation der Darlehnskassenvereine selbst betreiben muß und sich von dem den Wohlstand untergrabenden und zerstörenden Einfluß des wucherischen Kapitals unabhängig machen soll, ebenso kann dieselbe Organisation auch dazu dienen, den Getreidehandel allmählich in die Hände der produzierenden und konsumierenden Bevölke-

[69]) A. a. O., S. 89/90.

rung selbst zu bringen . . . Um dahin zu gelangen, müssen die einzelnen Glieder der landwirtschaftlichen Bevölkerung, die bis dahin leider nur zu sehr beobachtete egoistische vereinzelte Stellung aufgeben und ihren Halt für die Zukunft allein in ihrer innigen Verbindung, in den Genossenschaften suchen“[70]).

Gemeinbesitz

„Tief wurde es, tief wird es noch fortwährend empfunden, daß es nun der Gemeinde und besonders den ärmeren Gliedern derselben an dem nötigen Rückhalte, an einem Mittel fehlt, um Notzeiten überwinden und in günstigere Verhältnisse gelangen zu können . . . Vorläufig sollen die Vereine hauptsächlich zur Bekämpfung des Wuchers dienen, d. h. sie sollen die höchst verderbliche und den Volkswohlstand ruinierende Einwirkung des jetzt schon enormen und noch fortwährend steigenden Kapitals, welches sich in den Händen von Wucherern befindet, unschädlich machen. Dies muß dadurch geschehen, daß man nach gewisser Richtung dem Beispiele des Wuchers folgt, sich nämlich auch mit derselben Waffe, d. h. mit Geld genügend ausrüstet, um diesem gegenüber nicht machtlos zu sein. Es ist nun gar nicht zu begreifen, warum man die den Aussaugern wehrlos gegenüberstehenden armen Landleute abhalten will, sich hinreichende Mittel zum Widerstande und zur Bekämpfung zu beschaffen, nämlich in ihren Darlehnskassenvereinen das nötige Kapital anzusammeln, während man ruhig zusieht und es vielfach sogar ganz natürlich findet, wenn wucherische Privatpersonen sich in den Besitz von Millionen setzen . . .“[71]).

„. . . Bei der Nichtverteilung des Gewinns, wie solche die Normalstatuten anordnen, kann erst recht gründlich der Gemeinsinn geweckt und gepflegt werden. Die aus den hervorragendsten Einwohnern bestehenden Vorstands- und Verwaltungsmitglieder versehen gern, ja mit steigender Freudigkeit die Verwaltung unentgeltlich. Abgesehen von der direkten Hilfe, welche den ärmeren Mitgliedern gewährt wird, bietet das von Jahr zu Jahr sich erhöhende unteilbare Vereinsvermögen sichere Aussicht, daß den Kindern und Enkeln bis auf die spätesten Zeiten dadurch eine Hilfe geschaffen und daß überhaupt die Armut allmählich vermindert werden wird. Die

---

[70]) A. a. O, S. 105.

[71]) A. a. O., S. 109 f.

übrigen Vereinsmitglieder haben in den geschäftsführenden Personen ein gutes Vorbild gemeinnützigen Wirkens. Dieselben sehen, wie die letzteren, welche den Verein selbst nicht nötig haben, nicht allein mit ihrem Vermögen haften, sondern ganz uneigennützig arbeiten und den Gewinn nicht sich selbst zuführen, sondern zur Abwehr der jetzigen und künftigen Not ansammeln. Das gibt erst recht ein freundliches Verhältnis zwischen arm und reich. Es fällt den Unbemittelten nicht ein, irgendeinen Anspruch auf den Gewinn zu erheben, da ihnen der zufallende kleine Betrag doch nicht viel nützen kann. Sie wissen, daß sie alle ihre Kräfte anstrengen müssen, um sich eine günstigere Zukunft zu erarbeiten und sich der ihnen durch den Verein dargebotenen Hilfe würdig zu zeigen . . ."[72]).

Freier Gemeinschaftsaufbau

„. . . Man erkennt das Verderbliche der gegenwärtigen Zersplitterung der Gesellschaft und erwartet Rettung von der Vereinigung. Man sehnt sich deshalb zurück in die Zeiten des Zunftwesens und der Innungen und vergegenwärtigt sich die Ruhe, Behaglichkeit und Zufriedenheit der damaligen Zeitgenossen . . . Da man der Bevölkerung indessen noch nicht die richtige Kenntnis zutraut, und die freiwillige Bildung solcher Korporationen infolgedessen nur langsam vor sich gehen würde, so soll der Staat einschreiten. Zwangsinnungen, Zwangsversicherungs-, Zwangskreditgenossenschaften usw. sollen gesetzlich eingeführt werden. Man übersieht hierbei nur leider den Hauptfaktor, nämlich die Bevölkerung selbst. Angenommen, alle diese Zwangsgenossenschaften sollten durch Gesetz urplötzlich ins Leben gerufen werden, so würde damit nicht allein nichts besser gemacht, sondern es würde die Herbeiführung der allgemein gefürchteten Katastrophe nur noch beschleunigt werden. Durch den Zwang würde man eine Erbitterung schaffen, durch welche die Agitation der Umsturzpartei nur erleichtert und die Zahl der Anhänger rasch vermehrt würde. Doch ganz abgesehen hiervon, würde es unbestritten unmöglich sein, die Bevölkerung so, wie sie durch allerlei Umstände jetzt einmal geworden ist, urplötzlich umzugestalten. Man würde doch nicht so weit gehen können, zu bestimmen, wie früh jemand aufstehen, was an jedem Tag geschehen, wie oft ins Wirtshaus gegangen, wieviel darin verzehrt, wieviel für Luxus und unnütze Ausgaben aller Art

[72]) A. a. O., S. 111/112.

verwendet werden soll usw. Darin aber, daß es an energischer Selbständigkeit und Sparsamkeit fehlt, liegt gerade die Krankheit unserer Zeit. Gesetzt, die erwähnten Tugenden wären häufiger bei unseren Zeitgenossen vertreten und die strebsamen und tätigen Glieder der Gesellschaft wären zahlreicher vorhanden, so würden doch, wie unsere heutigen Verhältnisse einmal liegen, die letzteren vereinzelt sich zu halten nicht mehr imstande sein. Wie früher, so müssen sich auch Leutzutage die Nachbarn zu gegenseitigem Schutz und Trutz auf das engste und innigste verbinden, um durch gemeinsame Kraft sich freizumachen, d. h. den verderblichen Einfluß der wucherischen Geldmacht zu brechen, um nicht für die letztere die Kräfte nutzlos vergeuden zu müssen, sondern dieselben zum Wohle der Familie frucht- und segenbringend anwenden zu können. Es müssen also wieder Innungen geschaffen werden, aber Innungen, welche sich aus dem Bedürfnisse des Volkes, dessen Eigentümlichkeiten entsprechend, naturgemäß und freiheitlich entwickeln. Nur solche Vereinigungen werden feste Wurzeln in der Bevölkerung schlagen und von dauerndem Bestande sein. Die Gesetzgebung würde dabei nur die Aufgabe haben, etwaige Hindernisse aus dem Wege zu räumen, die bereits bewährte Form zu sanktionieren und dieselbe so für die Zukunft zu erhalten. Innungen dieser Art sind für die ländliche Bevölkerung die Darlehnskassenvereine"[73]).

Die Zentraldarlehnskasse

„Die Zentraldarlehnskasse ist keine Bank im gewöhnlichen Sinne des Wortes, sondern eine Ausgleichungsstelle zwischen den beteiligten Vereinen. Für die Vereine, welche Geldüberfluß haben, dient dieselbe als Aufbewahrungsstätte; für diejenigen, welchen Geld mangelt, als eine Hilfsquelle. Beiden Teilen ist dadurch geholfen. Während der Überfluß des einen Teils sicher und verzinslich angelegt wird, erhalten andere Vereine, namentlich die neugegründeten, das nötige Betriebskapital . . ."[74]).

---

[73]) A. a. S., S. 135/136.
[74]) A. a. O., S. 149.

III. Soziologie der Genossenschaft

1. Die Genossenschaft als soziale Gestalt

Um soziale Erscheinungen zu verstehen, muß man sie auf Grundformen zurückführen, die nicht weiter abgeleitet werden können, die in sich selbst sinnvoll sind und in einem einsehbaren Zusammenhang miteinander stehen. Dabei ist es wesentlich, den Ansatzpunkt der Deutung auf der weitgespannten Skala zwischen der rein geistig begründeten und einer überwiegend naturbedingten Daseinsweise der gesellschaftlichen Erscheinungen richtig zu wählen. Wenn man gern von einer „Genossenschaftsidee" oder von dem „Genossenschaftsgedanken" spricht, so ist damit nicht gemeint, daß die Genossenschaft ein rein „ideelles" Gebilde sei. Bestände sie als eine nur „gedankliche" Form, so wäre durch ihre Existenz erwiesen, daß eine „abstrakte" Vorstellung, ein bloßer Gedanke ausreiche, um zum Prinzip einer sozialen und wirtschaftlichen Wirklichkeit werden zu können. Es gibt „Politiker" und „Reformer", die glauben, es genüge schon, das Unzulängliche einer bestimmten Seite der Wirklichkeit durch eine bessere Form lediglich in Gedanken zu ersetzen. Sie meinen, diese bloße „ideologische" Korrektur, meist durch einen „Ismus", bedeute für die Wirklichkeit etwas anderes als nur einen neuen Anlaß zur Unzufriedenheit mit dem Bestehenden oder ein zugkräftiges Argument der negativen Demagogie. Sie befinden sich damit in einem freilich immer wiederkehrenden Irrtum, sofern sie nicht sich und andere betrügen. D e n n d e r „G e d a n k e", d i e „I d e e" a n u n d f ü r s i c h b e d e u t e t g e g e n ü b e r d e r k o m p a k t e n, z ä h f l ü s s i g e n, t i e f i n d e n W e s e n s a n l a g e n d e s M e n s c h e n u n d i n s e i n e n D a s e i n s b e d i n g u n g e n v e r w u r z e l t e n s o z i a l e n u n d w i r t s c h a f t l i c h e n W i r k l i c h k e i t s c h l e c h t e r d i n g s g a r n i c h t s. Das muß mit Nachdruck gerade dann festgehalten werden, wenn wir uns um das Verständnis der Genossenschaft bemühen wollen, die mehr als alle anderen Wirtschaftsformen fortlaufend das überwiegend geistbestimmte Gebilde bleibt, als das sie entsprungen und entstanden ist. Wäre der „Genossenschaftsgeist" nur ein „abstrakter", nur ein

Teil des allgemeinen, von Wünschen und „Idealen" bewegten Vorstellungslebens der Menschen, er würde niemals eine beständhafte Wirklichkeit geschaffen haben. Die Tatsache, daß es ein weit erstrecktes, praktisch fruchtbares Genossenschaftswesen gibt, wird durch das Vorhandensein eines „Genossenschaftsidealismus" nicht verständlicher. Denn durch „Ideen" allein sind Menschen zu nichts zu bewegen, und „Gedanken", die nicht in einer bestimmten Beziehung zur Wirklichkeit stehen, sind im sozialen und wirtschaftlichen Dasein keine Faktoren und Potenzen. Diese Tatsache braucht nicht weiter erwiesen zu werden. Sie darf allerdings auch nicht zu jenen primitiven Schlüssen verführen, die dem „Praktiker" und dem im vulgären Sinn „materialistisch" denkenden Theoretiker naheliegen: daß nämlich die Idee überhaupt keine Bedeutung für die soziale und wirtschaftliche Wirklichkeit habe und daß sie daher nur allenfalls als ein erfreuliches Beiwerk dienen könne — die Zitrone im Maule des gekochten Schweinekopfes im Fleischerladen. Die „Idee" nur als solche, der „Gedanke", der nichts ist als dies, sind indifferent oder gar verwirrend für die soziale und ökonomische Praxis. Zu prüfen bleibt, ob „Gedanke" und „Idee" nicht eine Seite haben und eine Funktion entwickeln können, kraft deren sie unersetzlich werden für die Wirklichkeit und durch die sie eine von Grund auf wirksame und produktive Bedeutung gewinnen. Es ist eine theoretische Leistung für das Verständnis des sozialen Daseins, wie der wirtschaftlichen Wirklichkeit und für den Zusammenhang beider miteinander, zu zeigen, wo in der wirtschaftlichen Praxis die Brücke zwischen „Idee" und „Wirklichkeit" liegt. Denn davon, daß es gelingt, den Übergang von dem Gedanken in die Realität zu finden und zu verstehen, hängt es ab, ob wir überhaupt vom Geistigen her einen Zugang zu den Faktoren der sozialökonomischen Wirklichkeit finden können, oder ob „Idee" und „Wirklichkeit" trotz aller konstruktiv-theoretischen „Beziehungen" aufeinander im praktischen Leben und in dem Alltagsdasein ohne wesenhaften inneren Zusammenhang nebeneinander verharren.

Ein solches „Nebeneinander" würde für die Praxis, wie für den Theoretiker keine Gleichgewichtigkeit bedeuten, sondern sofort das „Ideelle" vollkommen verschwinden lassen gegenüber dem Gewicht der ökonomischen Realität, selbst wenn man diese zunächst noch nicht unmittelbar als eine „materielle" interpretieren würde. Eine vollkommene Entwirklichung des geistigen Motivs wäre eine unvermeidliche Folge, sobald erst einmal das Geistige aufgehört hätte, den wesentlichen Gehalt, die verbindenden Normen und den realen Ursprung der Welt des Menschen mit zu bestimmen. Es ist zwar im Gegensatz zu einer vorangehenden langen geistig geformten und geleiteten europäischen Epoche erst ein verhältnismäßig kurzer Zeitraum, der im wirtschaftlichen Leben die bürgerlichen und kapitalistischen Formen, im geistigen Dasein die rationalistischen und skeptischen Ideen, in der offiziellen ethischen Gesinnung die egoistischen und materialistischen Denkweisen und Verhaltungsweisen zur Vorherrschaft gebracht hat. Seitdem ist es aber für den modernen Menschen durchaus nicht selbstverständlich, daß ein geistiges Motiv, ein „ideell" bestimmter Wille überhaupt irgendeinen wesentlichen Einfluß auf die Wirklichkeit ausübt. Trotz aller „idealistischen" Philosophien, trotz aller Erneuerungen der verschiedenen Formen des klassischen Geistes, der gewiß ein idealistischer war, ist nicht nur die Gesinnung der „Praxis" längst ganz überwiegend „materialistisch", sondern auch die Theorie der Wirtschaft und die Soziologie, die sich um das Bestehen des sozialen Daseins bemühen, kennen die „Idee" und den „Wert" vorwiegend in einer Abwehrhaltung gegen den überall vordringenden realistischen Geist in der Wissenschaft und gegen jene Formen des Denkens, in denen die „Masse" zu einem Verständnis des Daseins und ihrer selbst zu kommen sucht. Angesichts dieser Entwicklung scheint es wertvoll, in dem Genossenschaftswesen eine offenkundig „ideell" entsprungene und zumindest in ihren Anfängen nicht nur materiell motivierte, soziale und wirtschaftliche Erscheinung vor Augen zu haben, die wir von ihren menschlichen Ursprüngen her überschauen und entwickeln können und deren praktischen Bestand auch der widerwillige Betrachter zumindest als Faktum gelten lassen muß.

Man kann darauf hinweisen, daß in der Gegenwart das Genossenschaftswesen ganz offenkundig nicht anders als die übrigen „Betriebsformen" der Wirtschaft doch nur „materielle" Aufgaben zu erfüllen habe und daß kaum eines der Mitglieder etwas anderes als rein praktische Leistungen für sich selbst von der Genossenschaft erwarte. Es seien dies somit rein egoistische Interessen, die das Mitglied mit der Genossenschaft verbinden. Doch das widerlegt nicht unsere These, sondern unterstreicht ihre Bedeutung. Denn die Tatsache, daß die bestehende Genossenschaft im einzelnen durch die „materiellen" Interessen ihrer Mitglieder im Leben erhalten und weiterentwickelt wird, bedeutet nicht, daß sie ihrem Ursprung und Wesen nach nur ein „materielles" Gebilde sei. Man darf nicht darauf schließen, daß ihr Sinn und ihre Wirkung mit ihrer „materiellen" Funktion erschöpft seien. Die Genossenschaft ist von ihren Initiatoren als Werk gedacht, das breiten Kreisen der Bevölkerung zu wirtschaftlichem, sittlichem und kulturellem Aufstieg verhilft. Sie soll und kann in der modernen Welt aber nur wirksam werden und bestehen, wenn sie von jeder Art von ideeller Zubuße unabhängig ist und sich auch „betriebswirtschaftlich" selbst erhält. Wenn sie also, ohne eines besonderen, opfervollen „Idealismus" zu bedürfen, nachdem sie einmal besteht, von ihren Mitgliedern nur noch für die ihr wesensgemäßen Leistungen in Anspruch genommen zu werden braucht, um zu leben, dann ist der Idee der Gründer der stärkste Erfolg zuteil geworden. Denn diese Gestalt hat eigenes Leben und sich selbst erhaltenden Bestand in der Wirklichkeit gewonnen. Je erfolgreicher die „materielle" Aufgabe der Genossenschaft erfüllt wird, desto sieghafter bewährt sich die Idee, deren Väter gerade die praktische gemeinsame Selbsthilfe von jedermann zum Inhalt ihrer Gründungen gemacht haben. Und was das Mitglied in seinem Alltag gar nicht zu bemerken braucht, weil es über seinen praktisch begrenzten Horizont hinausreicht, das liegt darum nicht minder im Sinn des begründenden Gedankens und im Zuge seiner Verwirklichung: die Sicherung des gesamten, auch des sittlichen Daseins und des kulturellen Niveaus. Die „idealen" Zwecke der Genossenschaft verlangen von dem durchschnittlichen Mitglied keinen besonderen „Idealismus", denn sie werden unvermeidlich mitverwirklicht, wenn nur der Betrieb gedeiht. Das ist die Dialektik der genossenschaftlichen Arbeit.

Damit ist allerdings nur die Tatsache berücksichtigt, daß die alltägliche genossenschaftliche Praxis keinen besonderen „Idealismus" hervorkehrt und daß die zahlreichen nützlichen Leistungen der Genossenschaft um ihres praktischen Wertes willen geschätzt werden, statt wegen einer genossenschaftlichen „Ideologie". Gerade darum ist die Genossenschaft als Werk eines Gedankens und einer vom Gedanken geleiteten Arbeit ein so wesentliches und beachtenswertes soziales Phänomen, weil sie, obgleich durchaus persönlichem Wollen und Gestalten entspringend, ein sich praktisch und materiell behauptendes Werk geworden ist. Die moderne kapitalistische Wirtschaft wird in vieler Hinsicht von den Fortschritten in der technischen Beherrschung der Natur, von den dadurch möglich gewordenen Rationalisierungsmaßnahmen und von dem Wachsen der industriellen Apparatur vorwärtsgetrieben. Dieser Motor der „Entwicklung" aus dem Geist der Technik fehlt der Genossenschaft. Auch sind die Gründer und Träger der genossenschaftlichen Betriebe gerade nicht jene Persönlichkeiten und Gruppen, die von einem Fortschritt zu neuen technischen Verhältnissen notwendig profitieren. Im Gegenteil sind es durchweg die Schichten und Personenkreise, die von ihm überholt werden und auf der Strecke bleiben. Es sind die vom kapitalistischen Werden Gefährdeten, die durch den genossenschaftlichen Zusammenschluß trotz der fortschreitenden Entwicklung die Kraft und die Möglichkeit finden, sich wirtschaftlich zu behaupten. Die Mitglieder der Genossenschaften erhalten sich durch diese Einrichtungen, obgleich ihre kapitalmäßige und technische oder sonstwie betriebswirtschaftliche Situation sie eben nicht auf der Höhe der Zeit oder gar an der Spitze der Entwicklung zeigt. Die Haushalte der in ihrem Einkommen äußerst beschränkten Arbeiter, später auch beispielsweise vieler Beamter (nicht die der gut verdienenden Erwerbsbürger), die nicht zur Industrie heranwachsenden Handwerksbetriebe, die kleinen Landwirtschaften (statt der fortgeschrittenen „kapitalistischen" Großbetriebe) sind es, die sich genossenschaftlich zusammenschließen und durch das Zusammenwirken eine Stabilität ihres wirtschaftlichen Schicksals erstreben und wiederfinden, die mit dem Aufbruch der kapitalistischen Dynamik endgültig vernichtet schien. Insofern ist die Genossenschaft tatsächlich durchaus keine aktivistische, fortschrittliche soziale Form, sondern eine bewahrende, konservative. Das wird bereits von ihren Gründern erkannt und zum Ausdruck gebracht. Dieser konservative Charakter ist aber kein reaktionärer oder romantischer. Er ist nicht fortschrittsfeindlich. Die Genossenschaft kann und will alle von anderen Betriebsformen erreichten Vorteile und das von jenen bewirkte Gute, soweit es für sie erreichbar ist, übernehmen. Aber es gehört nicht zu ihrer ursprünglichen Aufgabe, bessere technische Möglichkeiten mit eigenem Risiko zu erkämpfen. Sie will wohl für den Haushalt, für den Handwerksbetrieb oder die kleinere Landwirtschaft die Vorteile der fortschrittlichen Produktion, des modernen Großhandels oder der gesammelten Kapitalkraft einer Bank erreichbar machen. Aber das Risiko, das in der liberalen Wirtschaftsordnung an den Einsatz von Kapital geknüpft ist, muß sie zu vermeiden suchen. Wie die Genossenschaft kein unmittelbarer Ausdruck, sondern gleichsam ein Komplement der „Produktionsverhältnisse" ist, so wirkt sie auch von sich aus nicht mit am „Fortschritt" der modernen Wirtschaft. Ihre Bewegung und Entfaltung entspringt nicht den „materiellen" Entwicklungen der modernen Technik auf allen Lebensgebieten, aber es kann darum nicht geleugnet werden, daß sie sich aus ganz unbedeutenden Anfängen weit entfaltet. Sie ist aktiv und wirksam, aber nicht im Sinne des liberalen, erwerbswirtschaftlichen Strebens, das dem Kapital Rente und Gewinn bringen will. Denn sie besitzt dieses Kapital anfänglich gar nicht. *In der genossenschaftlichen Arbeit wird der in aller Wirtschaft enthaltene rein soziale Faktor als solcher um so mehr produktiv*, je „unsozialer" die kapitalistische Zwangsläufigkeit sich auswirkt. Durch diese Tatsache unterscheidet sich die moderne Genossenschaft von den nur „materiellen" Wirtschaftsbestrebungen. Und: diese Aktivität materialisiert sich in einer praktisch existenzfähigen eigentümlichen Wirtschaftsform, eben der genossenschaftlichen. Das hebt sie wiederum gegen die wohltätige oder öffentliche Zuschußwirtschaft ab.

Worin liegt nun die Möglichkeit dafür begründet, daß die genossenschaftliche Wirtschaft sich in einem persönlichen Wirken entfalten und sich freihalten kann von dem Zwang der kapitalistischen Arbeitsweise und daß sie gleichwohl einen eigenen festen Bestand gewinnt, während so viele Versuche, die Wirtschaft auf andere als die gewohnten „materiellen", erwerbswirtschaftlichen Grundlagen zu stellen, sonst scheiterten? Denn auch Owen strebte danach, durch eine Erziehung im Geist der Kooperation eine neue Wirtschaft zu begründen, aber seine Gründungen brachen zusammen, und er verlor an ihnen sein großes Vermögen. Andere ähnliche Versuche endeten immer wieder damit, daß die neuen Gebilde sich erst behaupten konnten, indem sie die Form der kapitalistischen Erwerbsgebilde übernahmen. Nur die Genossenschaften finden den Weg zwischen dem wirtschaftlichen Ruin und der Preisgabe der freien Kooperation und gedeihen zu kräftigen, wachstumsfähigen Einrichtungen, die sich im wirtschaftlichen Alltag in allen Stürmen des Daseins bewähren. Als Vermittlung zwischen ihre beiden Seiten, zwischen den „ideellen" Willen zur persönlichen Kooperation und die Existenznotwendigkeit des

Alltags, zwischen Gemeinschaftsethos und Zwang zur Selbsterhaltung, tritt die Genossenschaft als soziale Gestalt. „Ideelle“ und „reale“ Motive des Willens verbinden sich in ihr zu einer unlösbaren Einheit, und die soziale Gestalt ist es, die dem geistigen Element des Daseins die Möglichkeit der Existenz im materiellen Dasein vermittelt. Sie hält zugleich die immer zur Eigenmacht und objektiven Eigengesetzlichkeit strebende „Entwicklung“ dem persönlichen menschlichen Wollen offen und untertan. Der beste, edelste und opferbereite Wille der einzelnen Persönlichkeit wie auch einer ganzen Gemeinschaft gleichgesonnener Personen gleitet an der Wirklichkeit ab und verflüchtigt sich zur Chimäre und zur Utopie, sobald nicht mehr neue materielle Opfer, die Schatten mit Blut nährend, der ersehnten sozialen Gestalt den Schein einer Wirklichkeit verleihen. Die stärkste unternehmungsfrohe Persönlichkeit in einem noch so „gesunden“ Unternehmen der Erwerbswirtschaft, gleichgültig in welcher Form, vermag nicht den Erfordernissen rentabler Betriebsgestaltung auf die Dauer entgegenzuarbeiten, sei es auch um des besten „ideellen“ Zweckes willen, ohne das Unternehmen zu ruinieren. Es lebt in der Wirtschaft eine Eigenwilligkeit des „materiellen“ Elementes, über das der einzelne Wille nicht Herr werden kann. Es wirkt in die Preisbildung hinein, es drängt die Erzeugung in bestimmte Richtungen und es macht den zum erfolgreichsten Unternehmer, der seinen sich nur erst ankündigenden neuen Tendenzen am wendigsten zu folgen vermag. Es beherrscht die Wirtschaft nicht minder tyrannisch bis in jene überwältigenden Kollektivgebilde hinein, die in der Petroleum- oder Stahl- oder Elektroindustrie ihren Zusammenschluß aus nichts anderem finden als dem Interesse an dem Öl usw. als dem materiellen Substrat, an das gleichgerichtete wirtschaftliche Absichten sich knüpfen. Dieses Substrat wird in einer materiell indifferenten Form durch das Kapital vertreten, und dessen „Konzentration“ ist ihrer Intention nach nicht minder „materiell“ als die jener Trusts usw. Die soziale Gestalt ist bei diesen Gebilden am weitesten entfernt von allem „idealen“ und freien persönlichen Willen. Sie ist in höchstem Maße abhängig von den Gesetzen der Wirtschaft, die freilich nie ganz jenen „irrationalen“ Einschlag vergessen lassen dürfen, der in aller sozialen Wirklichkeit mit der Tatsache gegeben ist, daß sie für uns nur als eine menschliche erscheinen kann. Als Utopie erreicht die soziale Gestalt den höchsten Grad geistiger Freiheit bei geringster Wirklichkeit, als Betriebs- und Verkehrsform der „materiellen“

Wirtschaft bewahrt sie das geringste Maß an persönlicher freier Geistigkeit, während sie zum unmittelbaren Ausdruck des realen wirtschaftlichen Geschehens wird. Zwischen diesen beiden Extremen in der Mitte erscheint die soziale Gestalt in der Genossenschaft, die gleich weit entfernt ist von der Wirklichkeitsunterschätzung der Utopie wie von dem Diktat der materiellen Notwendigkeiten und der auf die härtesten realen Zwänge gestützten wirtschaftlichen Gewalt. Dadurch wird es möglich, daß in der genossenschaftlichen Wirtschaft die soziale Gestalt gleichsam zu eigenem Leben erwacht und sich produktiv entwickelt, Ideelles und Materielles verbindend, Persönliches und Sachliches gleichermaßen fördernd, Individuelles und Gemeinsames ineinander zu wechselseitiger Steigerung verkettend. In der Genossenschaft tritt aus der allgemeinen wirtschaftlichen Kooperation der soziale Gestaltfaktor als ein eigenschöpferischer heraus und wird zum Prinzip einer eigentümlichen wirtschaftlichen Wirklichkeit. Das Wesen, die Kraft und die Leistung der sozialen Gestalt werden an keiner Erscheinung des menschlichen Zusammenlebens klarer einsichtig als an der Genossenschaft. Was bedeutet sie also?

Wie alle Gestalt ist auch die soziale Gestalt ein Verbindendes. Sie ist synthetisch, und zwar nicht im „abstrakten" Denken, sondern in jenem Geist, der in der praktischen Wirklichkeit am Werke ist. Diese synthetische Kraft ist nicht einseitig wirksam, sie erfaßt nicht einzelne Seiten aus dem Lebensganzen, sondern sie meint immer dieses Ganze, sie bezieht sich auf die Einheit des gesellschaftlichen Daseins und Wirkens.

Der synthetische, die zerstreuten Einzelglieder der sozialen Welt bindende Charakter ist nichts Außergewöhnliches. Eine bindende Macht wirkt nicht minder auch in allen überkommenen geistigen Mächten, die die Menschen zusammenführen und zusammenhalten. Nur unterscheidet sich die verbindende Wirkung der Genossenschaft von der der geltenden Traditionen als den Hauptbindemächten der Gesellschaft dadurch, daß sie immer ursprünglich und neu, wie aus dem Nichts heraus, dem sich zusammenschließenden Willen entspringen kann. Aber auch dieser Unterschied ist kein wesentlicher, denn alle Sozialgebilde sind irgendwann einmal dem Willen verbindlich entsprungen. Einen Schritt weiter kommen wir, wenn wir bedenken, daß die Zusammenfügung der einzelnen Willen in der Genossenschaft nicht eine nur intellektuelle ist, wie die der meisten Traditionen, sondern daß sie notwendig in der

„Praxis", im alltäglichen Tun und Handeln wirkt und die Zusammenarbeit von Grund auf formt. Auch christliches Wohltun mag Tradition sein, als geltende Ethik wie als Praxis. Aber Ethik und Praxis laufen oft nebeneinander her; es ist leicht möglich, daß einer festgehaltenen Überzeugung keine Praxis entspricht oder daß ein tatsächlich höchst hilfsbereites, dienendes Wirken für den Mitmenschen sich in durchaus unchristlichen Motiven begründet. Genossenschaftlicher Geist aber ist niemals so, wie etwa eine christliche Lehre zuweilen, als Dogma von der Praxis abzulösen. Wo er nicht unmittelbar sich als Wirklichkeit im Mitarbeiten beweist, ist er überhaupt nicht da. Eine genossenschaftliche „Weltanschauung" als solche, die sich, wie dies manchen Sektierern, auch Owen bisweilen, vorgeschwebt hat, zum Kultus erheben und damit für sich zu selbständiger Bedeutung streben wollte, wäre lächerlich. Andererseits führt die genossenschaftliche Praxis notwendigerweise in dem Grad, in dem sie im einzelnen Mitglied und Mitarbeiter zum Bewußtsein ihrer selbst gelangt, zu bestimmten Grundsätzen und zu einem Ethos. Diese bleiben auch dann verbindlich, wenn ihr einzelner Repräsentant sich für gewöhnlich nur „materieller" Interessen in seiner genossenschaftlichen Betätigung bewußt ist.

Das ist beispielsweise grundsätzlich anders in der „kapitalistischen" Wirtschaft. So sehr immer es richtig sein mag, daß die Anfänge der kapitalistischen Praxis, die in eine noch weitgehend von christlichen Lebensmotiven durchflochtene Sozialwelt hineinfallen, sich auch auf christliche, beispielsweise „puritanische" Geisteshaltungen beziehen, so ist es doch nicht zu leugnen, daß in der modernen industriellen und ökonomischen Wirklichkeit an sich ein solcher „Geist" durchaus nicht angelegt ist. Selbst wenn man, mit Sombart, von einer fortschreitenden „Vergeistung" der Wirtschaft spricht („Der moderne Kapitalismus", Bd. III, 2; Kap. 53), so ist dieser „Geist" nicht ein „menschlicher", er ist kein sozialer oder gar „christlich"-persönlicher, sondern es ist der Geist der abstrakten Sache. Er ordnet den einzelnen ein, er zwingt ihn an seinen Platz und regelt seine Funktionen. Er tut dies rein nur von außen, er bestimmt das Wollen im höchsten Maße nach fremdem Gesetz. Je vollkommener dieser Geist regiert, je feiner gegliedert und eindringlicher er sich als Verwaltungssystem, Rechnungssystem und Apparatesystem (Sombart) durchsetzt, desto mehr wird der menschliche Wille in seiner Ursprünglichkeit zurückgedrängt und durch ein Wollen ersetzt, das ganz von den Funktionen her bestimmt ist, die ihm von seinem Platz im äußerlichen Gefüge zudiktiert werden. Statt sich — wie in der Genossenschaft — aus seinem praktischen Wollen zum Begreifen und Erleben eines umfassenden und gemeinsam geschaffenen Ganzen geistig zu entfalten, wird der Mensch sich seiner selbst, je mehr er geistig erwacht, als ein abhängiges, scharf eingegrenztes und von einem unpersönlichen, apparatehaften Sachganzen äußerlich bewegtes und dabei einsames Einzelwesen bewußt.

An diesen Beispielen des nicht zur Verwirklichung gelangenden christlichen Geistes, wie der nicht zum menschlich-persönlichen Geist sich entfaltenden kapitalistischen Wirklichkeit in Wirtschaft und Technik wird es deutlich, was mit jener ersten synthetischen Leistung, mit der grundlegenden bindenden Funktion der Genossenschaft als sozialer Gestalt gemeint ist: ihr Geistiges oder Ethisches ist nichts, sofern es nicht in Tun und Wirken Wirklichkeit wird, und in der Verwirklichung führt die soziale Form der Genossenschaft, sofern sie sich nur recht versteht, notwendig zu jenen ethischen Motiven hin. Sie bezieht die geistige Seite des Daseins, die „Kultur", auf jenen realen ökonomischen Raum, in dem sich die Sachen besonders hart stoßen, und sie schließt diese Realität innerlich auf für die Selbstentfaltung eines Ethos und einer Kulturgesinnung, die hinausweisen über den Alltagsegoismus und die Enge der nur praktischen Existenz. Sie drängt zu einer ursprünglichen, aus unablässig erneuertem Wollen sich zusammenfassenden und erweiternden Einheit von sozialem Geist und ökonomischer Materialität, von sittlichem Emporstreben und praktischer Vernünftigkeit. Sie strebt danach, soweit ihre Kraft reicht, die klaffende Wunde in der modernen Gesellschaft zwischen „Kultur" und brutaler Wirklichkeit, zwischen Sinn für ein besseres soziales Ganzes und krasser Isoliertheit im eigenen Lebenskampf, zu schließen. Das „ideelle" Moment der Genossenschaft besteht darin, daß sie die persönliche Kooperation zum Träger des Wirtschaftsbetriebes machen will. Die reale Seite dieser Idee ist die genossenschaftliche Demokratie. Diese faßt die Mitglieder als Inhaber des Unternehmens zusammen und sichert den Charakter der Mitgliedergesamtheit als Personengemeinschaft dadurch, daß die Geschäftsanteile grundsätzlich gleich sind. Rein wirtschaftlich-materiell ist diese Bestimmung sinnlos.

Warum sollten nicht größere Geschäftsanteile eingelegt oder mehrere in einer Hand vereinigt werden? Der Betrieb könnte dadurch geschäftlich sogar gewinnen. Er würde „sozial" aber, trotz aller demokratischen Formen in der Einflußnahme der Mitglieder auf seine Leitung, notwendigerweise den Keim zu einer kapitalistischen Entwicklung in sich tragen. In der Mitgliederversammlung würde nicht nach dem Maß der sachlichen Vernunft und der Überzeugungskraft der Mitgliedspersönlichkeit, sondern nach dem Besitzrecht entschieden werden. Dies zu verhindern ist eine wesentliche Notwendigkeit für die Genossenschaft. Sie wird dadurch realisiert, daß *Gleichheit der Geschäftsanteile*, von denen *jedes Mitglied nur einen* besitzen kann, ein wesentlicher Zug der sozialen Gestalt der Genossenschaft ist.

Das zweite gestaltgebende Motiv liegt darin, daß *Überschüsse aus der Führung des gemeinsamen Betriebes* entweder überhaupt ganz oder zum Teil dem Betriebskapital zugeschrieben werden oder nach dem Maß der Inanspruchnahme der genossenschaftlichen Einrichtungen, also *entsprechend dem Beitrag zum gemeinsamen betrieblichen Erfolg, zurückvergütet* werden. Auch hierfür gibt es keinen nur ökonomisch-materiellen Grund, sondern die „Rückvergütung nach dem Umsatz" ist ebenfalls rein sozial motiviert. Sie knüpft die Rechte an den gemeinsamen Erfolg, an die Leistung des einzelnen, wobei diese Leistung nicht ein Opfer in irgendeiner Form ist, sondern nur die praktische Mitarbeit. Durch dieses soziale Gestaltsmoment werden Betrieb und „Kunde" fest miteinander verbunden: der Betrieb kann aus seinen Leistungen keinen „Gewinn" erzielen, denn der Überschuß kommt dem Kunden wieder zu, und der Kunde weiß sich nicht übervorteilt, weil ihm das zuviel Geleistete erhalten bleibt. Die sachliche Aufgabe des Betriebes kann somit unverfälscht durch äußerliche Gewinnmotive rein zur Geltung kommen und erfüllt werden.

Grundsätzliche Gleichheit der Geschäftsanteile, und damit Unabhängigkeit der persönlichen Mitbestimmungsrechte in der Genossenschaft von Kapitalinteressen als Grundlage der genossenschaftlichen Demokratie, und Rückvergütung nach dem Umsatz des Mitgliedes bei seiner Genossenschaft sind die beiden entscheidenden Motive der Genossenschaft als sozialer Gestalt. Durch sie bleibt die Genossenschaft unabhängig von der Fremdbestimmung des Wirtschaftens als Folge der Kapitalkonzentration und des vorwiegenden Erwerbsstrebens, wie von der technischen Entwicklung der betrieblichen Formen. Durch sie wird die gesellschaftliche Macht des Kapitals gebrochen. Darüber hinaus erreicht es die synthetische Kraft der sozialen Gestalt der Genossenschaft, daß der von der kapitalistischen Sachgesetzlichkeit freigewordene, mitbestimmende persönliche Wille aus jedem beliebigen individuellen Motiv heraus in sie hineintreten kann: die Macht der geprägten Gestalt ist so stark, daß alle Motive, wenn sie nur positiv sind, als Antrieb zu dem gemeinsamen Werk wirken müssen. An die Stelle der einförmigen Gewinnabsicht können sowohl schlichter Selbsterhaltungstrieb oder helfende Christenliebe treten oder nüchterne Sorge um die Anschaffung des Notwendigen, wie Verantwortungsgefühl für das Schicksal eines Standes oder der Gesamtheit, ebenso Sinn für den unersetzlichen Wert des selbständigen Einzelschaffens, wie begeisterte Hingabe an ein gemeinsames Werk. Alle diese Beweggründe können zur genossenschaftlichen Arbeit aktivieren, und immer wird die Mannigfaltigkeit aller einzelnen Willensantriebe durch die genossenschaftliche Gestalt in eine klare Richtung des Wirkens gebunden und zu einem Ganzen gefügt, ohne daß die persönliche Freiheit gefährdet oder der gute Wille mißbraucht werden könnte. Der Mitarbeiter in der Genossenschaft kann unbedenklich sein Bestes an Kraft hergeben, ohne sich „ausgebeutet" fühlen zu müssen, denn er schafft für ein gemeinsames Werk, das grundsätzlich gleichgestellten Persönlichkeiten gehört, und die Leiter des Unternehmens sind an ihren Auftrag gebunden und zum Dienst verpflichtet, wie sie selbst. Wenn die Genossenschaft wirtschaftliche Güter im großen einkauft und an die Mitglieder im kleinen Maßstab weiterverkauft, wenn sie Kapital oder Maschinen an die Mitglieder ausleiht oder gewisse Leistungen erstellt, braucht sie dabei grundsätzlich nicht darauf bedacht zu sein, um jeden Preis einen möglichst hohen „Nutzen" herauszuholen, sei es als Preisdifferenz, als Zins oder Leistungsentgelt. Denn die Gestalt des genossenschaftlichen Kreislaufs — es ist hier wirklich der Kreis das richtige Gestaltsymbol! — läßt jeden Überschuß über die Betriebskosten doch wieder niemand anders zugutekommen als jenem Mitglied, das ihn als „Kunde" erst mit hat zustande kommen lassen. Die Peitsche des Gewinnstrebens ist zerbrochen. Andererseits braucht das Mitglied als „Kunde" sich nicht den Kopf zu zerbrechen, ob die Forderungen seiner Genossenschaft als Kreditgeber, Einkäufer, Verkäufer usw., mit denen es sich auseinandersetzen muß, nicht zu hoch sind. Jeder zuviel bezahlte Betrag fließt ihm als „Rückvergütung“ wieder zu oder bleibt ihm in dem gemeinsamen Unternehmen erhalten. Die Qualität der Leistung aber untersteht seiner Kontrolle, und zu ihr seine Stimme geltend zu machen, bieten ihm die Mitgliederversammlung und Aufsichtsratsitzung genügend Gelegenheit. Die einzelne wirtschaftende Persönlichkeit wird lediglich durch die gesellschaftliche Gestalt des genossenschaftlichen Arbeitens — den Kreislauf vom Mitglied über den Betrieb zum Mitglied zurück — zum vollgültigen und voll handlungsfähigen Wirtschaftsfaktor. Ihr Mangel an Kapitalbesitz bedeutet nicht, daß sie zu einer abhängigen Klasse gehört. Damit siegt durch die genossenschaftliche Gestalt die „Idee“ über den Gegensatz zwischen den „materiellen“ Positionen.

So grundsätzlich bedeutsam das Genossenschaftswesen indessen für das wirtschaftliche und soziale Dasein ist, — es wird von der soziologischen Wissenschaft nicht immer entsprechend beachtet.

„Politische“ und auch engere Interessen, die der Soziologie ohnedies zuweilen hemmend entgegenstehen, verhinderten es nicht selten, daß die exemplarische Bedeutung der Genossenschaft als sozialer Gestalt in das ihr gebührende Licht gerückt wurde, während über „Planwirtschaft“ und „Kapitalismus“ ganze Bibliotheken verfaßt wurden. Aber auch da, wo die Soziologie sich mit diesem Gegenstand befaßt, ist sie bislang kaum immer besonders glücklich verfahren. „Weltanschauliche“ Vorliebe, zuweilen genährt durch die Abneigung gegen die moderne soziale Wirklichkeit, läßt die Soziologen romantischen Dogmen verfallen. An diesen gemessen erscheint entweder die bescheidenere Leistung der Genossenschaft unbeachtlich oder ihr Bild wird verzerrt, indem es etwa „organische Gemeinschaft“ um jeden Preis ausdrücken soll. Es ist ein Verdienst von Ferdinand Tönnies, daß er die Bedeutung der „organischen“ Verbundenheit des blutsmäßig „gemeinschaftlichen“ Daseins in der Sippenzusammengehörigkeit des Dorfes, im Unterschied zu den Formen des modernen städtischen Daseins, zeigt. Wo er sich aber der Genossenschaft zuwendet, verkennt er das Wesentliche ihrer sozialen Gestalt. Die gemeinschaftliche Form des Zusammengehens in der Genossenschaft soll nach Tönnies im gefühlsmäßigen Zusammengehören der Mitglieder begründet sein, im Gegensatz zu einer verstandesmäßigen Veranstaltung wie der Aktiengesellschaft. Als Typus der „organischen“ Gemeinschaft wird die Familie genannt. Abgesehen davon, daß auf diese Weise die beiden Seiten der Genossenschaft, deren Synthese gerade eine ihrer wichtigsten Leistungen ist, das Soziale und das Praktische, auseinandergerissen und gegeneinander ausgespielt werden, ist die Theorie vom „organischen“ Zusammengehören der Glieder einer Gemeinschaft offenkundig falsch. Denn eine Menschengemeinschaft besteht aus selbständigen Persönlichkeiten, die sich zueinander finden, nicht aber aus Abzweigen eines organischen Wesens, das als solches schon vorweg bestehen müßte[75]).

Der Begriff des „organischen“ Zusammengehörens in der Genossenschaft wird nicht richtiger, wenn der „Organismus“ statt wie bei Tönnies als Voraussetzung, bei Gierke als Ergebnis des Tuns der Glieder erscheint. Gierke sagt: „Nur die freie Assoziation schafft Gemeinheiten, in welchen die wirtschaftliche Freiheit fortbesteht. Denn nur die aus der Initiative und Gestaltgebung ihrer Mitglieder hervorgehenden Organismen erhöhen zugleich mit dem neubegründeten Gemeinleben das Individualieben der Glieder“[76]). Als ein das Verstehen fördernder Beitrag zur Erkenntnis der Genossenschaft können solche romantischen Umschreibungen kaum gelten.

Je weniger scharf die Genossenschaft in ihrem soziologischen Wesen erfaßt zu werden pflegt, desto leichter wird sie gedanklich, wie praktisch von solchen herrschenden Motiven in Anspruch genomen, die mit ihr in Wahrheit sachlich nicht vereinbar sind. Es sind vor allem politisch wirksame Interessen, die die Eigenart der Genossenschaft bedrohen. Dem konservativ-„organischen“ Sozialgefühl gefällt ihre freie Beweglichkeit und Selbstbestimmung nicht. Der liberal-individualistische Geist empfindet ihre organisatorische Geschlossenheit und ihre Unabhängigkeit von dem individualistischen Gewinnstreben als Gegensatz des Prinzips der „privaten Initiative“. Beide Kritiker verkennen oder verurteilen so jeweils eine der Seiten der Genossenschaft, die nicht minder notwendig ist als die jeweils gebilligte andere. Nur als Verbindung von Freiheit und freiwilliger Einordnung kann die Genossenschaft sich als Wirtschaftsgemeinde mit demokratischer Verfassung behaupten. Als demokratische Wirtschaftsgemeinde gehört die Genossenschaft zu dem gleichen sozialen Typus, wie auf kirchlichem Gebiet die protestantische Kirchengemeinde und auf politischem die Dorf-

[75]) Vgl. F. Tönnies, „Gemeinschaft und Gesellschaft“, 4—5. Aufl. 1922, S. 243, § 5.
[76]) „Rechtsgeschichte der deutschen Genossenschaft“; I, S. 1039/40.

und Stadtgemeinde, diese beiden anderen Kern- und Ursprungsformen der modernen Demokratie. Sie hat ihren Bestand als demokratisches Gebilde rein bewahren können, frei von autokratisch-dogmatischen Tendenzen, die die Kirchengemeinde immer wieder bedrohen, und von der Kollektivierung unpersönlicher Interessen verschiedener Art, wie sie namentlich durch das Parteien-Listen-System den persönlichen Charakter der modernen politischen Demokratie zerstören. Da der besondere soziale Charakter der Genossenschaft entscheidend ist für ihr gesellschaftliches Wesen, auch wenn ihr praktischer Zweck ein „materieller" ist, kann sie als *repräsentativ* gelten *für praktische demokratische Arbeit*. Sie ist im Bereich der wirtschaftlichen Kooperation das Gegenteil jener autokratischen Gesellschaftsgebilde, die der Kapitalismus an die Stelle der feudalen Autokratie gesetzt hat. Sie gestaltet das Zusammenwirken „von unten nach oben". Sie verlegt das Gewicht der Willensbildung in die Basis, statt in die Spitze. Solange es nur der kleinere Teil der Mitglieder ist, der nicht fähig ist zu einer persönlichen Willensbildung oder an der gemeinsamen Sache nicht das genügende Interesse hat, sorgt der Einfluß der Mehrheit doch für die rechte Zielrichtung der Arbeit. Die allgemeine Kontrolle des Verhaltens aller, leicht durchführbar an Hand der Inanspruchnahme der genossenschaftlichen Einrichtungen, erzieht auch die Lauen und Schwachen zur Mitarbeit und beeinflußt sie wenigstens so weit, daß sie fähig werden, ihr eigenes Interesse besser zu verstehen.

Der grundsätzlich neue gesellschaftliche Sinn, mit dem die genossenschaftliche Wirtschaft als Demokratie neben die feudal-aristokratischen und kapitalistisch-autokratischen Gebilde der sie umgebenden Wirtschaft tritt, ist ihren Gründern nicht durchweg in gleichem Maße bewußt oder willkommen. Erst allmählich setzt sich die Genossenschaft selbst bei ihren Urhebern in diesem Sinn „ideologisch" durch. Raiffeisen ist durch seine patriarchalisch-christliche Haltung zunächst dem demokratischen Motiv recht fern. Der konservative Zug in der Genossenschaft herrscht bei ihm so sehr vor, daß er in Gegensatz gerät zu der liberalen Haltung von Schulze-Delitzsch. Erst als er wiederholt schlechte Erfahrungen macht mit der konservativ-staatlichen Bürokratie seiner Zeit, lernt er den demokratischen Charakter der Selbsthilfe schätzen. In einem Brief äußert er sich: „Von dem Widerstand der Behörden, welche wenn sie ihre Stellung richtig erfassen, die besten Freunde und

Förderer unserer Agitation sein müßten, kann auch ich leider sehr viel erzählen. Es erscheint denselben unbequem, daß das Volk selbst bei Ordnung seiner persönlichen Angelegenheiten sich von ihnen zu emanzipieren strebt . . . Was in der hiesigen Provinz geschehen, ist alles nicht mit, sondern trotz der Behörden geschehen . . ."[77]).

Auch der in seiner christlichen Weltanschauung Raiffeisen nahestehende Huber, der die für jede Genossenschaft notwendige sachverständige Leitung der „Aristokratie" vorbehalten will, anerkennt doch, „daß in der Regel die möglichst unmittelbare, häufige und freie Beteiligung der einzelnen bei den gemeinsamen Angelegenheiten und die möglichste Öffentlichkeit derselben, also eine möglichst große Ausdehnung des republikanischen Charakters, Stimmenberechtigung und Wählbarkeit aller Familienhäupter, wo nicht aller selbständigen Erwachsenen, wünschenswerteste Bedingung der moralischen Grundlage der Assoziation sein dürfte, des Vertrauens in die Verwaltung der gemeinsamen Interessen"[78]).

Für Schulze-Delitzsch dagegen hängen von Anbeginn genossenschaftliche Selbsthilfe und liberale Demokratie unmittelbar mit der Genossenschaft zusammen: „Welche von den politischen Parteien in Preußen hat soviel getan, um gerade die soziale Frage auf gesunden volkswirtschaftlichen Boden, allem sozialistischen Schwindel entrückt, zurückzuführen als gerade die Demokratie? . . . Mit Widerwärtigkeiten und Schwierigkeiten aller Art kämpfend, hat sie jene große Frage auf den allein gesunden Boden der Selbsthilfe zurückgeführt, dieses konservativste aller Prinzipien. So ist es ihr gelungen, dem geflissentlich hervorgerufenen Zwiespalte zwischen den besitzenden und arbeitenden Klassen im Keime entgegenzutreten . . . Die Demokratie weiß sehr gut, daß die demokratische Staatseinrichtung so lange eine Lüge bleibt, als nicht ein gewisser Grad von Durchbildung in den Massen, ein gewisser Grad von Wohlstand Gemeingut des Volkes geworden ist. Diese Aufgabe, Wohlstand und Bildung überallhin zu verbreiten im Volke, hat sich die Demokratie gestellt"[79]). Schulze-Delitzsch, der dem Genossenschaftswesen als Jurist auch die äußere Gestalt seiner gesellschaftlichen Existenz durch das Genossenschaftsgesetz geschmiedet hat, sieht es in dem Prinzip der „Selbsthilfe", zu der Raiffeisen sich erst später bekennt,

[77]) Nach: Seelmann-Eggebert, „Raiffeisen", S. 197/198.

[78]) In: „Janus", Bd. I, 1845; S. 217, nach Ingwer Paulsen, „Victor Aimé Huber als Sozialpolitiker", S. 67.

[79]) Nach: F. Thorwart, „H. Schulze-Delitzsch", S. 161 f.

von Anbeginn eng mit seinen freiheitlichen demokratischen politischen Ideen verbunden.

Seine „liberale" politische Haltung läßt ihn andererseits die neue soziale Problematik verkennen, die der moderne Kapitalismus auch in politischer Hinsicht mit der Klassenspaltung schafft. Sein sozialer Optimismus wird in diesem Punkt von Lassalle nicht zu Unrecht angegriffen, wenn auch Lassalles eigene Position weder klar ist, noch sachlich begründet wird. Beide Politiker sehen die gesellschaftlich-ökonomische Gesamtheit nur von einer Seite des Klassengegensatzes aus. Schulze-Delitzsch will den wirtschaftlich isolierten kleinen Leuten eine Möglichkeit verschaffen, etwas von dem Wasser des großen Kapitalismus auch über ihre Mühlen zu leiten. Lassalle will den Strom selbst ablenken, damit er nur noch die Mühlen seiner Massenbetriebe bewegt. Anders als diese beiden Parteipolitiker sieht der konservative Gelehrte Huber den entscheidenden Sachverhalt vom Ganzen aus. Wenn er auch kein „moderner" Wirtschafter ist, so denkt er doch vorurteilslos genug, um auch den Sinn und Wert einer wirtschaftlichen Demokratie neben der protestantisch-religiösen und politisch-bürgerlichen Gemeinde zu würdigen. Er führt aus: „Eine Hauptursache der Arbeitsnot ist die atomistische Isolierung in massenhafter unorganischer Aufhäufung; das dringendste Bedürfnis ist eben deshalb eine gesunde, organische, das ganze Familienleben umfassende Gemeinschaft der in negativer Freiheit aufgelösten Atome. Dies Bedürfnis befriedigt weder die bürgerliche noch die kirchliche Gemeinde auch nur im entferntesten. Nur in der Wirtschafts- und Arbeitsgemeine, in der kooperativen Genossenschaft, kann es seine Befriedigung finden. Nur hier fühlt der Arbeiter sich auf seinem mühsamen Lebenswege nicht zugleich in kalter Isolierung und in heißem massenhaften Gedränge. Was diese Gemeine zu leisten vermag zur Hebung der ganzen Lebenshaltung ihrer Glieder, auf fruchtbarem, beweglichem, pekuniärem und unbeweglichem Besitz begründet — das können wir als weltkundig voraussetzen"[80]).

Hier wird von Huber der allgemeine soziologische Charakter der Genossenschaft im Rahmen des Typus der Gemeinde als sozialer Grundgestalt klar herausgearbeitet. Mehr als in unserer Zeit bedeutet für Huber die „Gemeine" den deutschen Ausdruck für „Kommune". Wenn man das beim Lesen seiner Worte bedenkt, dann sieht man, wie wenig „reaktionär" dieser

[80]) Nach: Ingwer Paulsen, a. a. O., S. 144 f.

konservative Denker ist. Aus der Sache heraus und ohne Dogma schlägt sich bei ihm von selbst die Brücke in den Geist des modernen Sozialismus hinein, dem Lassalle sich nur mit mühsamen und gewaltsamen Konstruktionen nähert. Denn die genossenschaftliche Gemeine Hubers ist nichts anderes als eine „klassenlose Gesellschaft", wie sie von dem politischen Sozialismus von Marx und Lenin aus dem Beispiel der Pariser „Kommune" später konstruktiv abgeleitet wird[80a]). Daß im übrigen die politische Zielsetzung des Sozialismus nicht durch die genossenschaftliche Demokratie abgelöst werden kann, ist selbstverständlich. Hier liegt eine strikte Grenze der genossenschaftlichen Leistungen in der Alltagswirklichkeit.

Ebensowenig können die realen Erfordernisse, die aus der Eigenart der praktischen Funktionen der Genossenschaften erwachsen, durch die „demokratische" Haltung und Praxis ersetzt werden. Eine soziale Erweichung der realen Gesetzmäßigkeit der Bank-, Verteiler- oder Produktionsbetriebe der Genossenschaften, eine Verleugnung der wirtschaftlichen Vernunft zugunsten eines „Gemeinschaftsgeistes" führt notwendig zur Auflösung. Der genossenschaftliche „Betrieb" steht zuweilen in Spannung zu der sozialen Gestalt der Genossenschaft. Dann wird es zu einer immer neuen Aufgabe, die betrieblichen Erfordernisse mit dem Wirken und den Wünschen der Mitglieder in Einklang zu bringen. In der Mitgliederversammlung oder der Aufsichtsratssitzung treten die beiden Seiten einander gegenüber, repräsentiert durch Vorstand und Mitglieder. Die betriebliche Praxis des Bankgeschäfts, des Ein- und Verkaufs, der Verwaltung usw. muß sich nach ihren eigenen Prinzipien rechtfertigen und behaupten, wo es sich um die technische Erfüllung der Aufgaben handelt, die durch den Zweck der Genossenschaft gestellt sind. Die Notwendigkeiten der betrieblichen Praxis und des wirtschaftlichen Alltags schränken die Möglichkeiten der Leistung für das Mitglied in unabänderlicher Weise ein. Der Wille der Mitglieder bestimmt nur den maßgebenden Zweck und die Richtung der genossenschaftlichen Arbeit. Gestaltung, Führung und Entwicklung des Betriebes bleibt Sache der damit betrauten Kräfte. Es ist kein Zeichen besonderer „genossenschaftlicher" Gesinnung, wenn von dem Betrieb den Mitgliedern Leistungen angeboten oder zugebilligt werden, die über seine wirtschaftlichen Möglichkeiten praktisch hinausgehen und seinen Bestand gefährden.

80a) Vgl. vom Verfasser in dieser Reihe: „Lenin, Soziologie und revolutionäre Aktion im politischen Geschehen", Berlin 1948; S. 90 f.

Der Ausgleich zwischen den betrieblich-technischen Notwendigkeiten und dem genossenschaftlichen Wollen, zwischen der Betriebswirtschaft und der sozialen Gestalt der Genossenschaft ist eine Aufgabe, die niemals abschließend gelöst werden kann. Hinter ihm liegt eine Spannung, die aus dem soziologischen Wesen der Genossenschaft unauflösbar entspringt. Wenn man versucht, sie nach einem ihrer beiden Pole zu aufzuheben, zerstört man die Genossenschaft. Wenn man glaubt, sich über die realistische Enge und Härte der betriebswirtschaftlichen Notwendigkeiten hinwegsetzen zu können, dann löst sich die „Idee" der genossenschaftlichen Gemeinde aus der Enge des gegebenen Daseins los und wird zur „Utopie". Diese trägt den Keim ihres Scheiterns in der bedürftigen Welt, wie sie nun einmal ist, in sich, mögen „Philanthropen" oder politische Interessen noch so energisch bemüht sein, sie von außen her im Dasein zu halten. Robert Owens philanthropische Idealgenossenschaft „New Harmony" mußte scheitern und Lassalles politische Genossenschaften auf der Basis von Staatskrediten allein wären nicht lebensfähig geworden.

Nicht minder tödlich ist das andere Extrem: der Versuch, die Genossenschaft als rein praktisches Unternehmen von den als Ballast erscheinenden „ideologischen" Besonderheiten zu befreien, die aus ihrer sozialen Gestalt notwendig entspringen. Jeder Versuch einer noch so tüchtigen Geschäftsführung, sich über den Willen der Mitglieder hinwegzusetzen, gefährdet das genossenschaftliche Gebilde. Entweder verweigern die Mitglieder die Mitarbeit, indem sie als Kunden nicht mehr „mitgehen", oder aber die Genossenschaft verwandelt sich ihrem Geist nach unter der Hand in eine Kleinaktiengesellschaft, um bei dem ersten Ansturm widriger Verhältnisse auseinanderzubrechen, weil mit dem Gemeinschaftsgeist der Genossenschaft auch die Treue zur gemeinsamen Sache verlorengehen muß, die sonst die Genossenschaft auch in schwersten Lagen oft noch retten kann. Keine Genossenschaft kann auf die Dauer einen starken und ethisch fest begründeten Willen zur Kooperation entbehren. Charles Gide, der Theoretiker der „Schule von Nîmes" hebt also mit seiner Betonung der ethischen Seite des kooperativen Momentes einen durchaus wesentlichen Grundzug der Genossenschaft hervor. Andererseits freilich genügt das Bewußtsein der Solidarität allein nicht, um eine Genossenschaft im Dasein zu erhalten, wenn sie nicht auch wirtschaftlich und betrieblich lebensfähig ist. Der soziale Wert der Genossenschaft ist nicht unabhängig davon, ob sie sich praktisch im Sinn der ihr von den Mitgliedern gestellten Aufgaben bewährt. Vielmehr erfüllt die Genossenschaft als besondere soziale Gestalt ihren Zweck nur in dem Grade ihrer praktischen Erfolge im Aufbau und in der „materiellen" Leistung der genossenschaftlichen Wirtschaft.

2. Aufbau und Leistung der genossenschaftlichen Wirtschaft

Ein oberflächlicher Betrachter wird zu der Feststellung neigen, daß die Genossenschaft als reales Gebilde sich von anderen gesellschaftlichen Betriebsformen praktisch kaum unterscheide. Hier wie dort werde eingekauft, Kredit gegeben und genommen usw. Das trifft durchaus zu. Sobald man aber die Zielsetzung des Betriebes und die Beweggründe seines Funktionierens mit in Betracht zieht und die besondere Art von sozialer Verbundenheit mit hinzunimmt, die im Ganzen die Voraussetzung ist für das Zusammenspiel der einzelnen Maßnahmen und Handlungen, wird die Eigentümlichkeit des genossenschaftlichen Betriebes auch für den „Realisten" sichtbar. Erst dann werden auch die Einzelheiten der genossenschaftlichen Praxis ganz verständlich sein. Vieles, was von der Erwerbswirtschaft aus gesehen widersinnig erscheint, erweist sich als wesentlich für die Genossenschaft. Während die erwerbswirtschaftlichen Betriebe am billigen Kredit für den kleinen Mann, am Verkaufs- oder Einkauf usw. nicht lediglich im Interesse des kleinsten Kunden selbst interessiert sein können, muß die Genossenschaft gerade nach dem Dienst am geringsten Mitglied streben. Die betrieblichen Eigentümlichkeiten der Genossenschaft werden dadurch wesentlich mitbestimmt.

Das gleiche gilt für die Funktion des Genossenschaftswesens im Ganzen der gesellschaftlichen Wirtschaft. Auch in der Volkswirtschaft besteht ihre Bedeutung nicht darin, daß sie ihre Leistungen ebenso vollbringt, wie die Erwerbswirtschaft. Nicht der bedeutende materielle Umfang, in dem sie wirksam ist, bestimmt den Wert ihrer Leistung im Ganzen. Ihre Bedeutung besteht darin, daß sie aus ihrem ideellen Prinzip und ihrer besonderen Absicht heraus einen bestimmten sozialen Raum wirtschaftlich ausfüllt, für den weder die Erwerbswirtschaft, noch eine sozialistische Verwaltungswirtschaft geeignet sind. Die spezielle Leistungsfähigkeit des Genossenschaftswesens beruht darauf, daß sie durch ihre besondere gesellschaftliche Struktur das wettmacht, was ihr im Vergleich mit der Erwerbswirtschaft an kapitalistischen Motiven und Mitteln fehlt und was ihr gegenüber der sozialistischen Verwaltungswirtschaft an öffentlicher Autorität abgeht. Als demokratische, im Auftrag der Mitglieder geführte und verwaltete und ihren Zwecken dienende Wirtschaft macht die Genossenschaft Leistungen möglich, die durch kapitalistische oder bürokratische Wirtschaftsgebilde nicht zustande kommen können. Die in ihr wirksamen Motive richten ihren Leistungswillen auf einen Bezirk der wirtschaftlichen Bedürfnisse, für den andere Wirtschaftsformen nur mit unvergleichlich größerem menschlichem und materiellem Aufwand in Betrieb gesetzt werden können. Die soziale Gestalt der Genossenschaft bedingt und begründet also auch die Stellung und den Wert des Genossenschaftswesens in der gesellschaftlichen Wirtschaft. Durch die Genossenschaft wird die Idee der gemeinschaftlichen Kooperation in der wirtschaftlichen und „materiellen" Welt verwirklicht und kraft dieser ideell entspringenden und begründeten Funktion wird die Genossenschaft zu Leistungen in der Gesamtwirtschaft befähigt, zu denen andere Sozialformen der Wirtschaft auf den Aufgabengebieten, denen die Genossenschaft sich zuwendet, nicht bereit und nicht in gleichem Maße fähig sind.

Zum soziologischen Verständnis der Stellung der Genossenschaft — wie jeder anderen Sozialform der Wirtschaft — muß unterschieden werden zwischen der genossenschaftlichen Wirtschaftsform, einer kooperativen Wirtschaftsordnung und einer sozialistischen Wirtschaftsverfassung. Namentlich in der wirtschaftspolitischen Ideologie werden diese drei Begriffe leicht in einen zu engen Zusammenhang miteinander gebracht. Die soziale Gestalt der Genossenschaft verwirklicht sich praktisch in der genossenschaftlichen Wirtschaftsform. Diese steht mit allen andern Formen der gesellschaftlichen Wirtschaft in lebendiger Wechselwirkung innerhalb der eingelebten und geschichtlich herangebildeten Wirtschaftsordnung. Diese kann verschiedene Gestalt annehmen. Die Wirtschaftsordnung der kapitalistischen Epoche ist die der freien Konkurrenz, also die liberalistische. In ihr haben die Betriebe der individualistischen Erwerbswirtschaft die ihrem sozialen Charakter am besten angepaßte Atmosphäre, während die Genossenschaften soziale Enklaven bleiben. Gegen die liberalistische erhebt sich das Ideal einer kooperativen Wirtschaftsordnung, in der nicht freie Konkurrenz, sondern freiwillige aber gemeinschaftlich gesonnene Zusammenarbeit als Sozialprinzip gelten würde. In einer so geordneten Wirtschaft würde die Genossenschaft als die wesensgemäßeste Wirtschaftsform dominieren und die anderen Wirtschaftsformen würden gleichsam fremd bleiben. Endlich gibt es als dritte Wirtschaftsordnung die einer gesamtheitlichen Verwaltung, in der etwa die Gebilde der staatlichen Wirtschaft soziologisch „zu Hause" sind. In ihr bleiben, wie die Einzelgebilde der Erwerbswirtschaft, so auch die Genossenschaften problematisch. Entscheidend für den Begriff der Wirtschaftsordnung ist, daß diese rein tatsächlich gilt, ohne aber im ganzen ausdrücklich gefordert und festgelegt zu sein. Sie drückt sich im geltenden Recht aus, das die Formen und den Verkehr der Wirtschaftsgebilde im einzelnen bestimmt. Die moderne Zeit mit ihrer vorwiegend liberalistischen Sozialgesinnung läßt eine Vielfalt von Wirtschaftsformen nebeneinander wirken, und sie gibt auch Tendenzen, die grundsätzlich ihr widerstreiten, den Weg frei. So können in einer freiheitlichen Wirtschaftsordnung auch genossenschaftliche Gebilde aus sich selbst heraus wachsen, während in einer Verwaltungsordnung der Wirtschaft von der Gesamtheit her über ihre Existenz entschieden wird.

Je mehr eine gesamtheitliche Verwaltungswirtschaft zum Vorbild der Sozialordnung der Wirtschaft wird, desto mehr nähert diese sich einer W i r t s c h a f t s v e r f a s s u n g. Die liberalistische Wirtschaftsgesinnung läßt die Wirtschaft grundsätzlich aus ihren eigenen Kräften heraus entstehen und sich regeln. Wo von der Gesamtheit ausgegangen wird, muß eine herrschende Autorität eingreifen und eine Verfassung des wirtschaftlichen Lebens festlegen. Auch eine liberalistische Wirtschaftsverfassung ist denkbar, aber sie ist unnötig, wenn nicht widersinnig, solange die natürlichen Voraussetzungen der freien Konkurrenz bestehen. Erst wo diese durch die Vorherrschaft von übermächtigen Verwaltungsgebilden aufgehoben sind, kann es eine verfassungmäßige Autorität für ihre Aufgabe halten, sie durch eine Verfassung wiederherzustellen und zu sichern (Aufhebung von Trusten, Monopolen usw.). Näher liegt schon der Gedanke einer genossenschaftlichen Wirtschaftsverfassung. Diese könnte als eine sozialistische bezeichnet werden. Denn in ihr würde die genossenschaftliche Sozialform einen Primat der sozialen Gestalt gegenüber den individuellen, wie den politischen Mächten bis in die Gesamtregelung des Wirtschaftens hinein bedeuten. Rein soziologisch braucht darin keine Utopie erblickt zu werden. Eine genossenschaftliche Wirtschaftsverfassung würde bedeuten, daß grundsätzlich die genossenschaftliche Wirtschaftsform das Leitbild für alle Wirtschaftsgestaltung abzugeben hätte, daß also alle Betriebe demokratisch als dienende Auftragswirtschaft aufzubauen wären. Zola in seinem grandiosen Roman „Arbeit" schildert eine Umwandlung der kapitalistischen Wirtschaft in eine kooperative.

Die genossenschaftliche Wirtschaftsweise weitet sich aus zum Prinzip einer genossenschaftlichen (kooperativen) Wirtschaftsordnung. Diese läßt die einzelnen Erwerbswirtschaften, wie die gesamtheitlichen Formen der Verwaltungswirtschaft bestehen. Sie ersetzt nur prinzipiell die Konkurrenz durch die Kooperation. Erst eine genossenschaftliche Wirtschaftsverfassung würde noch den letzten Schritt tun und alle nicht genossenschaftlichen Wirtschaftgebilde aufheben. Sie würde nur solche Wirtschaftsbetriebe gelten lassen, bei denen die soziale Gestalt dominiert und deren demokratische Struktur die betriebliche Arbeit im Dienst der Auftraggeber, die zugleich die Abnehmer und Kunden sind, vor sich gehen läßt. Das wäre das Ende des Kapitalismus. Es wäre eine vollkommene sozialistische, weil rein genossenschaftliche Wirtschaft. Ob sie möglich ist, bleibt zu prüfen.

Nicht von sich aus notwendig sozialistisch aber wäre die dritte Wirtschaftsverfassung, die totale Verwaltungswirtschaft. Eine solche könnte z. B. die Einzelwirtschaftsformen und die Genossenschaften aufheben oder zu bloßen Instrumenten ihres eigenen Apparates herabsetzen. Auch sie würde damit den „Kapitalismus", zugleich mit ihm aber alle Freiheit und auch die freiheitliche, persönliche Kooperation beseitigen. Ansätze zu ihr liegen in der „Vertrustung" der Wirtschaft. Diese bedeutet daher auch keineswegs eine „Selbstsozialisierung" der Wirtschaft, sondern vielmehr im Gegensatz dazu ein vollkommenes Ausschalten alles Persönlichen und Sozialen zugunsten einer reinen Sachgesetzlichkeit der Finanzierung, der Technik und der Macht. Es macht dabei keinen grundsätzlichen Unterschied aus, ob diese Macht eine solche des Kapitals ist oder der politischen Herrschaft. „Sozialistisch" könnte sie nur in dem Maße wirken, indem sie eine dienende Auftragswirtschaft entwickeln, sich der Genossenschaft nähern und also sich selbst aufheben würde.

Welche Wirtschaftordnung sich durchsetzt und ob eine Wirtschaftsverfassung notwendig ist und erstrebt wird, hängt zunächst von der gesamtgesellschaftlichen Lebensform ab. Je mehr die moderne Gesellschaft ihre Gestalt von dem Ergebnis der in ihr sich vollziehenden Machtkämpfe gewinnt, desto geringer wird ihr Gemeinschaftscharakter, desto schwächer wird die bindende Kraft der Zusammenarbeit in ihr — desto weiter entfernt sie sich von den allgemeinen Voraussetzungen einer genossenschaftlichen Gesinnung. Diese liegt dem Menschen von „Natur" aus keineswegs so fern, wie die Verfechter des Theorems vom „Kampf ums Dasein", als des ursprünglichen Sozialprinzips, behaupten. Die „Naturvölker" sind ursprünglich genossenschaftlich gesonnen[81]). Was die europäische Menschheit immer weiter von dieser natürlich-genossenschaftlichen Haltung fortführt, sind die Entwicklungen, die in Bevölkerungsbewegung, Technik und Politik wachsende Massen auf einer begrenzten und materiellen Grundlage um Macht und Vorherrschaft ringen lassen. Die materielle Existenz kennt nur harte Entscheidungen. Sie weckt im Menschen Motive von außerordentlicher Enge und Grausamkeit und sie schränkt den besten sozialen Willen und den glühendsten Gemeinschaftsgeist auf einen oft sehr engen Kreis der Betätigung ein.

Die genossenschaftliche Wirtschaft, die ganz auf dem freien Persönlichkeitswillen zur Zusammenarbeit beruht, ist angesichts der allgemein vorherrschenden Sozialgesinnung der modernen kapitalistischen Gesellschaft wie der in ihr maßgebenden Menschentypen in ihren Entfaltungsmöglichkeiten begrenzt. Zu dieser gesellschaftlichen Beschränkung ihrer Möglichkeiten kommt die noch zwingendere in den „materiellen" Grundlagen und Zwecken. Die Genossenschaft kann sich neben anderen, beweglicheren oder mächtigeren Wirtschaftsformen nur durchsetzen, indem sie besser als diese den zwingenden Bedürfnissen ihrer Auftraggeber dient. Das ist wohl ein prinzipieller Vorzug vor anderen Wirtschaftsgebilden, die um Auftrag und Abnahme ihrer Güter und Leistungen erst werben müssen. Aber ihr Entfaltungsraum wird dadurch entscheidend verengt. Weiterhin fordern keineswegs alle dringlichen Bedarfe eine Deckung durch genossenschaftliche Betriebe. Wenn sie in genügend großem Umfang und mit genügender Macht vereint auftreten, wie etwa der Kohlenbedarf der stahlerzeugenden Industrie, dann können sie sich die Grundlagen ihrer Deckung unmittelbar unterwerfen. Wenn sie in verhältnismäßig geringem Umfang und nur mit großen Unterbrechungen auftauchen, in der Art des Hausbrandbedarfs vieler großstädtischer Haushalte, dann reichen sie für sich allein nicht einmal aus, um beschei-

[81]) Vgl. Alfred Vierkandt über: „Die genossenschaftliche Gesellschaftsform der Naturvölker".

denen Kleinhandelsbetrieben ein Dasein zu sichern, geschweige denn daß Genossenschaften betriebswirtschaftlich existenzfähig würden, die keine andere Aufgabe hätten als die Beschaffung von Hausbrandkohle. In anderer Weise grenzt sich der Kreis der genossenschaftlichen Möglichkeiten ein, wenn die Persönlichkeit des Kunden mit ins Spiel kommt. Die Inhaber eines größeren Betriebes werden in der Regel mit einer Bank arbeiten, die ihnen freiere Möglichkeiten bietet. Der „kleine Mann", der keine ausreichenden dinglichen Sicherheiten bietet, kommt nur dann als Kreditnehmer für die Genossenschaft in Frage, wenn seine Persönlichkeit als hinreichend vertrauenswürdig gilt.

Ähnlich im Grundsätzlichen, jedoch komplizierter im einzelnen Fall sind die Bedingungen, von denen es abhängt, ob eine Genossenschaft für ihre Mitglieder oder ob eine genossenschaftliche Zentrale für ihre Genossenschaften Bedarfsgüter selbst herstellen soll. Im Falle der Mühle der Rochdaler Pioniere war die Entscheidung leicht, die Praxis aber schon schwieriger. In keinem Falle reicht der bloße Wille, sich vom übrigen Markt unabhängig zu machen, aus. Entscheidend ist die Rentabilität. Diese verlangt, daß die Produktion sich umfangreiche und zuverlässige Aufträge gesichert hat, damit sie in Preis und Qualität jedem Wettbewerb standhalten kann. Denn die Mitglieder der Genossenschaft können nicht gezwungen werden, Erzeugnisse ihrer Genossenschaft abzunehmen. Auf der anderen Seite wird eine genossenschaftliche Eigenerzeugung dann überflüssig, wenn die soziale oder technische Entwicklung eine Bedarfsdeckung durch einen öffentlichen Betrieb möglich werden läßt. Das kann beispielsweise der Fall sein bei der Versorgung mit elektrischem Strom, die nur unter bestimmten Voraussetzungen in genossenschaftlicher Form rentabel und sinnvoll ist. Eine andere Einschränkung der genossenschaftlichen Wirtschaft liegt darin, daß die Genossenschaft jedes Risiko vermeiden muß, das nicht durch den normalen Geschäftslauf notwendig ist. Wo also aufstrebende Wirtschaftszweige oder neue technische Entwicklungen die wagende Investition großer Mittel und zuweilen große Opfer verlangen, sind genossenschaftliche Betriebsformen nicht am Platz. Damit scheiden sie für jene Gebiete der modernen Wirtschaft aus, auf denen die Entwicklung am lebhaftesten vorwärtsstürmt. Die Genossenschaft gedeiht am besten im Windschatten der großen wirtschaftlichen und wirtschaftspolitischen Ereignisse und Tendenzen. Mit Genossenschaften zur Verwertung von Atomenergie wird noch lange nicht zu rechnen sein.

In diesen Grenzen baut sich innerhalb der gesamten Wirtschaft das genossenschaftliche Wirtschaftsgebilde pyramidenhaft auf. Haushaltsbedarfe der Letztverbraucher, Waren- und Kreditbedarfe der Letztverteiler und der unmittelbar an den Verbraucher verkaufenden oder sonst auf unterster Stufe auf den Markt kommenden Produzenten stellen die breite, mannigfaltige und lebensvolle Basis dar. Auf ihr erheben sich die genossenschaftlichen Betriebe des Ein- und Verkaufs, der Nutzung und Verwertung, der Kreditbeschaffung usw. als nächsthöhere „Stufe". Diese Betriebe schließen sich wiederum zusammen und gründen zur besseren Erfüllung ihrer Aufgaben Betriebe höherer Stufe, „Zentralen" des Einkaufs und Verkaufs und der Beschaffung von Gütern, Zentralkassen und zentrale Erzeugungsbetriebe. Bis in volkswirtschaftliche und weltwirtschaftliche Wirkungsbereiche hinein entwickelt sich diese Konzentration und Aufstufung. Maßgebend aber und bestimmend auch für die Entwicklungsmöglichkeiten der Gebilde höherer Stufe bleiben die Bedarfe der untersten Schicht, der Haushalte und Kleinbetriebe usw. Für das wirtschaftliche, finanzielle und industrielle Gebaren selbst der zu bedeutenden wirtschaftlichen Mächten aufgewachsenen genossenschaftlichen Unternehmen bleibt der Wille und das Interesse der Genossenschaftsmitglieder die letzte entscheidende Instanz. Die Pyramide der genossenschaftlichen Wirtschaft muß alles das außerhalb ihres Wirkungsbereiches lassen, was an Produktion und Verteilung und an aktiver Pionierarbeit in Industrie und Finanzwelt das eigentliche Gesicht der modernen Wirtschaft ausmacht. Sie ist aber in sich ein geschlossenes Ganzes der Gestalt nach, auch wenn die hauptsächlichsten Richtungen der genossenschaftlichen Arbeit bisher nur zum kleineren Teil praktisch miteinander verbunden sind. Ein unmittelbarer Austausch zwischen den landwirtschaftlichen Absatzgenossenschaften und den Einkaufsgenossenschaften der Letztverbraucher (Konsumgenossenschaften) ist beispielsweise nur in geringem Umfang verwirklicht. Aber selbst wenn man sich in diesem Sinn alle vorhandenen Möglichkeiten ausgeschöpft denkt, ist eine Umgestaltung der gesamten Wirtschaft in genossenschaftliche Formen weder erreicht, noch wäre sie ein sinnvoll zu erstrebendes Ziel. Die genossenschaftliche Wirtschaft ist nach Aufbau und Leistung ein Ganzes, aber sie bleibt auf einen verhältnismäßig bescheidenen Teil der Gesamtwirtschaft notwendig beschränkt. Es gibt eine Fülle von Aufgaben, die von anderen Wirtschaftsformen besser oder allein zu lösen sind, während die Genossenschaften durch ihre soziale Gestalt und ihre ihr entspringenden Zwecke auch von innen her auf einen festen Wirkungskreis beschränkt werden.

Die Genossenschaft kann also wesensmäßig, wie aus existentiellen Gründen nicht „universal“ werden in dem Sinn, daß sie die ganze Wirtschaft umfaßt. Dagegen wird nicht ausgeschlossen die „Totalgenossenschaft“ als die einzelne Genossenschaft, die, wie es namentlich in ländlich abgelegenen Bezirken zweckmäßig ist, eine Fülle von jenen Funktionen, die sich sonst innerhalb der genossenschaftlichen Wirtschaft auf je besondere Genossenschaftsarten verteilen, in sich zusammenfaßt. Statt daß an einem Ort je eine Absatz-, Kredit-, Beschaffungs- usw. Genossenschaft für sich besteht, strebt die Totalgenossenschaft danach, selbst sowohl Beschaffungs-, wie Kredit- und Absatzgenossenschaft zu sein.

Die genossenschaftliche Tendenz geht also in doppelter Richtung auf das „Ganze“: indem sie alle Richtungen des genossenschaftlichen Arbeitens zur Zusammenarbeit bringt und aus ihrem Nebeneinander eine umfassende Einheit entstehen läßt oder indem sie die bestehende einzelne Genossenschaft möglichst vielseitig entwickelt. Sie kann aber nicht in dem Sinn „universal“ sein wollen, daß sie das Ganze der Wirtschaft überhaupt strukturell in ihrem Sinn umbildet. Das Genossenschaftswesen kann in seinem Wirkungskreis ganzheitlich intensiviert werden, aber es kann nicht das Ganze der Wirtschaft zu seinem Wirkungsfeld umorganisieren. Mit zuvor gebrauchten Ausdrücken können wir sagen: sie bleibt eine Wirtschaftsform unter anderen, und sie kann vielleicht soziologisch, aber nicht ökonomisch das Prinzip der gesamten Wirtschaftsverfassung abgeben. Eine genossenschaftliche Wirtschaftsverfassung, die alle anderen Wirtschaftsformen ausschlösse, würde für die moderne, im Dienst so verschiedener Aufgaben vielseitig sozial entfaltete Wirtschaftsgesellschaft einen Rückschritt bedeuten. Die Genossenschaft sollte aber schon nach dem Willen ihrer Gründer nicht zur Verkümmerung anderer Betriebe führen. Darum traten diese bereits in ihrer Zeit einer Rückbildung der Wirtschaft in zünftlerische Formen entgegen. Der moderne, freiheitliche Geist der Gesellschaft verlangt nicht nur, daß es jedermann freistehen muß, Genossenschaften zu gründen und sich ihrer Einrichtungen zu bedienen, sondern dem Mitglied der Genossenschaft muß auch die Gelegenheit erhalten bleiben, die

Leistungen anderer Betriebe in seinem Rahmen für sich zu benützen. Sonst könnte sich die Genossenschaft monopolisieren, wodurch sie in Selbstherrlichkeit erstarren und aus einem demokratischen dienenden Gebilde zu einem Instrument einer bürokratischen Diktatur werden würde. Ein monopolistischer Geist in der Genossenschaft wäre eins mit dem Aufhören eines gestaltenden Einflusses ihrer soziologischen Idee. Er würde die genossenschaftliche „Pyramide" ihrer inneren Spannung berauben. Der Kreislauf vom Mitglied über den Betrieb zum Mitglied zurück würde gefährdet, das Gewicht der Bestimmung in die Spitze verlegt und die genossenschaftliche Demokratie zerstört werden.

Die Genossenschaft kann also in der modernen Wirtschaft nicht nur kein Prinzip einer allgemeinen Wirtschaftsverfassung abgeben, sondern sie verfehlt auch im einzelnen ihren Sinn und Zweck und sie zerstört mit ihrer sozialen Gestalt zugleich ihre eigentümliche praktische Leistung, wenn sie sich ein Monopol erobert. Sie hat in *keiner Weise* nach *Ausschließlichkeit* zu streben. Nur in einer Wirtschaftsverfassung, die allen Wirtschaftsformen den sinn- und sachgemäßen Einsatz am sozialen Ort ihrer besten Leistungsmöglichkeit erlaubt und nur, wenn die Genossenschaftswirtschaft die Pyramide ihres betrieblichen, organisatorischen und ökonomischen Aufbaus gemäß ihrer sozialen Gestalt demokratisch und ohne monopolistische Verkehrung ihres Zweckes errichten und wirken lassen kann, leistet sie in der Wirtschaftsgesellschaft ihr Bestes. Nur unter diesen Bedingungen entwickelt sie sich im Sinne der grundsätzlichen Bedeutung, die ihre soziologische Idee beanspruchen darf.

Die erste und gesellschaftlich wichtigste Funktion der Genossenschaft im sozialen Ganzen ist, *Gegensätzliches zu verbinden und zwischen den feindlichen Positionen in der modernen Wirtschaft zu vermitteln*. Diese Funktion entspricht ihrer Idee der freien Kooperation. Um sie verwirklichen zu können, muß die Genossenschaft zunächst in die bestehenden Fronten eine Bresche legen. Wenn sie zwischen der sozialen Situation des kleinen Kreditnehmers und dem Kapital eine Brücke schlagen will, muß sie die Herrschaft des Wuchers brechen, indem sie die kapitalschwachen Kleinbetriebe durch gemeinsame Haftung kreditwürdig macht. Ebenso dringt sie in sonst kaum angreifbare Positionen der Industrie ein, wenn sie durch ihre Eigenerzeugung den bisher abhängigen Kunden zum Produzenten macht. Damit leistet sie nicht nur etwas für ihre Mitglieder, sondern sie wirkt auch im Sinne einer allgemeinen Kooperation. Denn sie zwingt selbstherrlich gewordene Wirtschaftsmächte, sich dem „kleinen Mann" und dem Interesse des Verbrauchers zu nähern.

Die vermittelnde Funktion der genossenschaftlichen Wirtschaft erstreckt sich noch weiter durch das ganze soziale Gefüge der Wirtschaft hindurch. Wo die gegensätzlichen Interessen in der kapitalistischen Wirtschaft Klassendifferenzen zwischen Unternehmern, Angestellten und Arbeitern entstehen lassen, werden diese durch die Genossenschaft überbrückt. Für sie ist auch ein Direktorium an der Spitze ihrer großen und größten Betriebe, nicht anders als jeder andere Mitarbeiter, als Kreis von Mitgenossen und Mitarbeitern verantwortlich und jederzeit zur Rechenschaftslegung verpflichtet. Was formal und negativ gesehen eine ständige demokratische Kontrolle ist, das entwickelt sich in seinem positiven Gehalt zu einem Bewußtsein der Verbundenheit und des gegenseitigen Vertrauens im Rahmen der gemeinsamen Sache. Auf diese Weise bildet sich nach der menschlichen und ethischen Seite jene sozialistische Gesinnung und Haltung aus, ohne die eine nur von der Sache her „sozialisierte" und verwaltungsmäßig von der Gesamtheit aus organisierte Wirtschaft ein seelenloser Apparat bleibt.

Weiterhin greift die genossenschaftliche Wirtschaft verbindend hinaus über die sonst gegensätzlichen Gruppierungen der großen gesamtwirtschaftlichen Sparten von Landwirtschaft, Industrie und Bankwesen Die genossenschaftliche Organisation stellt alle diese Richtungen der Wirtschaftsleistung in den eigenen Dienst, nimmt ihnen ihre Autonomie und macht sie für sich fruchtbar. Die verbrauchergenossenschaftliche Zentrale benutzt nicht nur die Funktionen einer eigenen Bank für ihre Verteileraufgaben, sondern sie wird, zugleich mit ihren Industriebetrieben, zwanglos zum Großabnehmer der landwirtschaftlichen Erzeuger und der Rohstofflieferanten. In gleichem Sinn schafft die genossenschaftliche Wirtschaft Annäherungsmöglichkeiten zwischen allen verschiedenen Gruppen und Zweigen der kleinbetrieblichen Wirtschaft. Sie reißt diese insgesamt der Monopolisierungstendenz des Kapitals aus den Fängen und faßt Betriebe zusammen und erhält sie existenzfähig, die sonst unweigerlich zugrunde gehen oder sich unmittelbar oder mittelbar der monopolistischen Industrie-,

Handels- und Finanzwirtschaft angliedern müssen. Diese charakteristische Tendenz läßt sich kräftigen, wenn die Gemeinsamkeit der auftragsgemäßen Abwehr gegen die „Konzentration" des Kapitals und der Betriebe bewußt durch entsprechende „Querverbindungen" gegenseitiger Aufträge für Lieferung und Leistung usw. zwischen den Genossenschaften praktisch dokumentiert wird. Allerdings sind diesen Absichten durch gegensätzliche Interessen der Auftraggeber Grenzen gesetzt. Die Einkaufsgenossenschaften des Handels etwa sollen den gleichen Handel in seiner Position kräftigen, von dem die Konsumenten sich durch ihre Verbrauchergenossenschaften unabhängig machen wollen. Es besteht in diesem Fall offenbar eine Konkurrenz innerhalb der genossenschaftlichen Wirtschaft zwischen den Konsumgenossenschaften einerseits, und den Auftraggebern der Einkaufsgenossenschaften des Handels, also den Händlern, andererseits.

Ein weiterer praktischer Erfolg, der sich unwillkürlich an das Wirken der Genossenschaften knüpft, ist der, daß sie innerhalb der genossenschaftlichen Organisation die Spaltungen und Spannungen aus der Sache heraus überwinden, die sonst in der Wirtschaft zwischen den W i r t s c h a f t s s t u f e n bestehen, also zwischen den Funktionen des Groß- und des Kleinhandels, zwischen Großbank und kleiner Spar- und Kreditkasse und zwischen Großerzeuger und industriellem Kleinbetrieb. Alle diese Formen werden in gleicher Weise zum Dienst und zu bestmöglicher Leistung für die Auftraggeber verpflichtet. Auch dieses Beispiel wirkt über den Kreis der Genossen grundsätzlich und in gleichem Sinne hinaus. Sobald die bloße Möglichkeit praktisch besteht, daß der Einzelhändler sich von dem Großhändler durch den Beitritt zu einer Genossenschaft unabhängig macht, muß dieser ihm mehr entgegenkommen. Die Tatsache der Existenz der genossenschaftlichen Wirtschaft wirkt nachdrücklich und zwanglos im Sinn einer Annäherung der jeweils höheren Wirtschaftsstufe an die niedere.

Indem die Genossenschaft ein Beispiel möglicher Leistungen für den „Kunden" gibt, übt sie auf die Gesamtheit aller Betriebe ihrer Stufe, gleichgültig welche Form sie haben, einen Einfluß aus, der sich „materiell" zwar nur mittelbar ausdrückt und der niemals exakt zu messen ist, dessen Wert aber praktisch die gesamte Wirtschaft berührt. Sie gibt ein B e i s p i e l einer anderen, mehr „idealistischen" W i r t s c h a f t s g e s i n n u n g, und sie zeigt, daß diese nicht unbedingt eine unpraktischere zu sein braucht. So wirkt sie erzieherisch und führt das Wirtschaften seinem eigentlichen Zweck näher, den zu erstreben oder zu erreichen die Wirtschaft weder durch die Mechanik der „Konkurrenz", noch durch eine allgewaltige Organisation allein gezwungen werden kann. Damit schafft sie dem sittlichen Wollen und der ethischen Verbindlichkeit anderer als nur technischer Normen einen neuen Zugang in den Wirtschaftswillen. Die Genossenschaft durchbricht die Herrschaft der überwiegenden Erwerbsinteressen, die den Menschen zum unpersönlichen Leistungsträger automatisiert, und sie macht es möglich, daß der „gute Wille" des Schaffenden seinen vollen Sinn bewahrt. In dem gemeinsamen Werk der Genossenschaft ist er weder nur konventionell anständig, noch gar töricht gegenüber der klugen Selbstsucht des Geschäftsmannes, sondern mit gesteigerter Hingabe an die genossenschaftliche Leistung wirkt der sachliche Wille von innen her fördernd für das Ganze, sowie nutzbringend für die eigenen Interessen. In der Genossenschaft wird der „Idealismus" zu seinem und des Ganzen Besten auch praktisch fruchtbar, und der „Realismus" des Praktikers wird nützlich wirksam auch für Zwecke, die andere sind als nur solche des eigenen „materiellen" Erwerbsinteresses. Darin erfüllt sich jene Erziehungsabsicht, die Owen bei seiner Idee der Kooperation vorgeschwebt hatte und die er nicht erreichen konnte, weil er selbst mit seiner Zeit in der nur erwerbsmäßig interessierten Wirtschaft gebunden blieb.Es war das Schicksal der kapitalistischen Wirtschaft, daß sie sich in sich selbst als einseitig erwerbsinteressierte und profitsüchtige immer mehr mechanisieren mußte.

Der im kapitalistischen Wirtschaftssystem lebende Mensch mußte entweder sein Wesen auf die diesem entsprechenden Beweggründe gewaltsam einschränken — nur wenige sind Kapitalisten aus „Instinkt" — oder er war gezwungen, die andersgerichteten Motive von seiner Persönlichkeit abzuspalten und sie in einem gehofften, geglaubten und gewünschten, aber prinzipiell unwirklichen Gegenbild der Realität, in der Utopie also zu befriedigen. Owens moralische Energie zeigt sich an seinem tragischen Bemühen, mit den reichen Mitteln, die seine kapitalistische Praxis ihm verschaffte, das utopische Gegenbild der ihn selbst quälenden Wirklichkeit in das Dasein zu zwingen und durch die Erziehung des Menschen das zu gestalten, was die tatsächlichen Formen und Antriebe der Wirtschaft seiner Zeit prinzipiell von der Verwirklichung ausschlossen. Die Wirkungsgrenzen dieses erzieherischen Motivs in der modernen Wirtschaft sind prinzipielle und dürfen nicht verkannt werden. Wichtig ist schon, daß der Gedanke der Kooperation allein, von dem Owen sich so viel versprochen hatte, nicht die Kraft hat, sich durch die Erziehung zu verwirklichen und eine „neue moralische Welt" heranzubilden. Durch die Erziehung kann eine neue wirtschaftliche Wirklichkeit vollends nicht geschaffen werden. Ein „Idealismus", der daran glauben wollte, würde einem Wahn erliegen, der nicht nur töricht, sondern gefährlich ist, denn er vergeudet beste Kräfte. Erst dadurch, daß die kooperative Erziehung in der sozialen Gestalt der Genossenschaft eine realistische Form findet, deren praktisches Funktionieren notwendig in die gleiche Richtung führt wie das erzieherische Gemeinschaftsideal, wird dieses überhaupt fähig, in die Wirklichkeit einzugehen. Weil die Genossenschaft im sozialen Feld das Tor ist, durch das die Idee der freien Kooperation in die Wirklichkeit eintreten kann, weil ihre Gestalt sowohl dem Ideellen aufgeschlossen ist, wie sie den Bedingungen der harten und nüchternen Wirklichkeit genügt, deshalb kann sie einer erzieherischen Absicht, die über praktische Unterweisung und zweckmäßige Ausbildung hinausgeht, Raum geben und Erfüllung bieten. Über ihren Rahmen hinaus wird ein Versuch, die moderne Wirtschaft, die immer mehr ihren technischen und „materiellen" Bedingungen unterliegt, lediglich erzieherisch umzugestalten, zu einem sektiererischen Idol, wenn nicht gar zu einer unwahrhaftigen Bemäntelung anderer Interessen.

Zu dieser Einschränkung der Erziehung in der wirtschaftlichen Realität kommt eine weitere auf der Seite der Menschen. Keineswegs alle Menschen sind geeignet, Genossenschafter zu werden. Schon der Typus des Massenmenschen, der die negative Folie des modernen Persönlichkeitstrebens darstellt, kann allenfalls Mitläufer und Nutznießer der Genossenschaften sein, aber er vermag sie nicht aufzubauen, zu gestalten und zu führen. Der Massenmensch ist das Objekt der Reklame und der Propaganda und der Füllstoff der Sekten, aber er kann nicht der verantwortliche Träger und Vertreter eines demokratisch aufgebauten und geführten Wirtschaftsgebildes werden. Selbst aber wo echte Persönlichkeiten in der modernen Wirtschaft gestaltend und verantwortungsfähig wirken, da sind sie nur zum kleineren Teil bereit und ihrer Struktur nach geeignet, um sich in ein gemeinsames Werk ohne Herrschaftsansprüche einzuordnen. Daran vermag die Erziehung wiederum nichts zu ändern, solange sich die Wirklichkeit noch nicht gewandelt hat.

Es gibt somit in der sozialen und wirtschaftlichen Wirklichkeit weder in gegenständlicher Hinsicht, noch im Hinblick auf den wirtschaftenden Menschen eine pädagogische Universalität der Genossenschaft. Dieser Tatbestand entspricht dem anderen, daß es auch keine materiell inhaltliche oder strukturelle Allverbindlichkeit der genossenschaftlichen Gesellschaftsform und Wirtschaft geben kann. Innerhalb des ihr gesteckten Rahmens ist die Erziehung ein wesentlicher und notwendiger Beitrag zum Aufbau der Genossenschaft als einer durch ihre soziale Gestalt eigentümlichen Form des modernen Wirtschaftens. Durch eine bestimmte und sinnvoll abgegrenzte Gruppe von inhaltlichen Aufgaben schließt sich die genossenschaftliche Wirtschaft als ein Ganzes zusammen, durch ihre Struktur fügt sie sich als vermittelnde und verbindende Form in die Gesamtwirtschaft ein. Durch den aus ihrem Wesen entspringenden erzieherischen Charakter erneuert sie vom Menschen her ständig ihre inneren verbindenden Motive und wirkt sie beispielgebend in das umfassende Ganze hinaus. Wie ihre „materiellen" Aufgaben die Genossenschaft in die Wirklichkeit hineinführen und sie in ihr verankern, wie die strukturelle Eigenart der genossenschaftlichen Wirtschaft als Ausstrahlung der Eigenart ihrer sozialen Gestalt zum realen Ausdruck einer „ideellen" Funktion wird, so bleibt die Genossenschaft durch das in ihr ständig wirksame erzieherische Motiv für einen weiteren Horizont der persönlichen und geistigen Sinngebung der wirtschaftlichen Arbeit aufgeschlossen.

Nach diesen drei Seiten hin, materiell-inhaltlich, strukturell und erzieherisch, ist die genossenschaftliche Wirtschaft, weil sie so, wie sie ist, in der sozialen Wirklichkeit besteht, sich behauptet und wächst, eine wirksame und bedeutende Leistung des modernen Persönlichkeitsstrebens und des Willens zur Kooperation. Bedenkt man, unter welchen Umständen und in welcher Situation sie von ihren Gründern als Idee und als Wirklichkeit Schritt für Schritt erfaßt und entwickelt wurde, dann erscheint die Genossenschaft als ein Werk der persönlichen, gestaltenden Kräfte an dem Ort ihrer stärksten sozialen Gefährdung. Ihr Bestand allein ist die bedeutendste Leistung der Genossenschaft, und an ihn knüpfen sich unmittelbar ihre folgenreichsten Wirkungen. Die Existenz einer genossenschaftlichen Wirtschaft bedeutet, daß es neben allem Zwang einer nur technisch „materiellen" Entwicklung eine Wirtschaftsform gibt, die, aus dem Gedanken freier Zusammenarbeit entsprungen und durch persönliche Gestaltungskraft und Verantwortungsfähigkeit entwickelt und getragen, zu unmittelbarer praktischer Wirkung gelangen kann. Sie sichert das Recht des Bedarfs gegen die Übermacht der Erwerbswirtschaft. Sie aktiviert den ganzen Menschen und sprengt die Enggeistigkeit des nur am Profit interessierten Wirtschaftens. Sie bringt den sachlichen Zweck aller Wirtschaft, die Bedarfsdeckung, rein und entschieden zur Geltung. Indem sie sich als eine solche Realität darstellt, beweist sie für die soziologische Theorie die Möglichkeit der „materiellen" Existenz einer freien persönlichen Kooperation auch in der modernen Wirtschaft. Sie bildet den T y p u s der demokratischen Wirtschaft im Sinne einer allgemeinen Idee des Aufbaus „von unten her" aus und zeigt die Möglichkeiten einer „neuen Gesellschaft" in dem Augenblick, in dem die bestehende in eine hoffnungslos scheinende Krise hineinzugeraten droht. Zwischen „Idee" und „Praxis" in eine lebendige Spannung hineingestellt, zwingt sie den Ideologen aus dem Reich der Utopie auf den Boden der Wirklichkeit, und sie eröffnet dem pragmatischen Realisten den Blick für Möglichkeiten der Gestaltung, gegen die er als Erwerbsmensch ungläubig und ablehnend ist.

Die soziale Gestalt der Genossenschaft materialisiert sich im Aufbau einer wirtschaftlichen Pyramide, die, getragen von dem Willen der Mitglieder und ihnen zu Dienst verpflichtet, bis in die höchsten Stufen der wirtschaftlichen Arbeit hinaufreicht. Ihre Grenzen sind dadurch bestimmt, daß es eigentlich und im Grunde nur die Bedarfe der letzten Wirtschaftseinheiten, der Haushalte und Erwerbsbetriebe sind, für die gearbeitet wird. Jeder Versuch, an der Spitze eine wirtschaftliche Macht zu konzentrieren und die niederen Stufen, die Abnehmer von sich abhängig zu machen, — sich also zu „vertrusten" —, oder in der Gesamtwirtschaft durch Konzentration von Kapitalmacht ein Monopol zu gewinnen, muß die Genossenschaft in ihrem Wesen verkehren und praktisch unweigerlich zerstören. Wenn andererseits auch der genossenschaftliche „Idealist" prinzipiell zur Unabhängigkeit vom „Markt" der Erwerbswirtschaft streben mag, so muß der Praktiker dennoch bei Gefahr der Zerstörung des Ganzen die Rentabilität wahren. Nur konstante, zumindest kontinuierliche oder allenfalls periodische echte Massenbedarfe genügenden Umfangs können die genossenschaftliche Pyramide bis in die Eigenerzeugung hinein aufsteigen lassen. Experimentierende neue Wirtschaftszweige entziehen sich den Leistungsabsichten der Genossenschaften, deren Leiter nur im Rahmen bestehender Bedarfe mit den ihnen von ihren „Kunden" im Vorwege anvertrauten Mitteln auftragsgemäß wirtschaften. In diesen Grenzen ist das Bestehen und Funktionieren der Genossenschaften, namentlich auch, wenn sie Eigenerzeugung betreiben, als Tatsache ein Erfolg und eine Leistung, deren Bedeutung für den Konsumenten, Handwerker usw. erst im vollen Umfang klar wird, wenn er, etwa im Falle der Auflösung seiner Genossenschaft, der Erwerbswirtschaft wieder allein gegenübersteht.

Da alle Mitgliedschaft in den Genossenschaften eine freiwillige ist und da die Genossenschaft ihren Mitgliedern keine Vorteile bieten kann, die sie nicht durch die eigene Arbeit erst erwirkt hat, kann weiterhin auch die Zahl der Mitglieder selbst als ein Beweis für den Wert ihrer Sache und Leistung angesehen werden. Wir greifen die neuesten Zahlen für die britische Konsumgenossenschaftsbewegung heraus, über deren fast lächerlich scheinende Anfänge wir eingangs mit den Worten Holyoakes berichtet haben, und stellen der Entwicklung der Mitgliederzahlen die der Umsätze in den Konsumvereinen gegenüber. Es ergibt sich folgendes Bild:

Britische Verbrauchergenossenschaften

Jahr	Mitglieder	Umsatz	Jahr	Mitglieder	Umsatz
1881	547 212	15 411 185	1923	4 569 256	165 490 038
1885	746 772	19 872 343	1924	4 702 868	175 077 825
1890	961 616	26 887 638	1925	4 910 983	183 584 049
1895	1 274 994	33 900 674	1930	6 402 966	217 318 001
1900	1 707 011	50 053 567	1931	6 590 020	207 888 385
1905	2 153 015	61 086 991	1932	6 760 432	201 221 581
1910	2 541 734	71 861 383	1933	6 917 138	197 257 009
1915	3 246 811	102 557 779	1934	7 202 721	207 014 809
1920	4 504 852	254 158 144	1935	7 483 976	220 429 517
1921	4 548 557	218 780 384	1936	7 807 942	233 844 350
1922	4 519 162	233 844 350	1937	8 084 990	251 393 047

Nach: The People's Year Book 1939, herausgegeben von der Cooperative Wholesale Society und der Scottish Cooperative Wholesale Society, Manchester und Glasgow (vgl. Rundschau des Reichsbundes der deutschen Verbrauchergenossenschaften, 36. Jahrg. Nr. 6; 1939).

Aus Deutschland liegen für die Verbrauchergenossenschaften mit Stand von 1938 folgende Zahlen vor:

1068 berichtende Genossenschaften, 1 954 015 Mitglieder.

Umsätze:		Umsätze aus Eigenproduktion:		Anzahl der Verteilungsstellen:	
1934	484 596 000 RM	1934	101 854 000 RM		
1935	502 177 000 „	1935	100 188 000 „	1935	9110
1936	510 489 000 „	1936	95 038 000 „	1936	8833
1937	532 069 000 „	1937	101 798 900 „	1937	8706
1938	553 658 000 „	1938	104 762 000 „	1938	8712

Über die Entwicklung der Deutschen Großeinkaufsgesellschaft der Konsumvereine sind folgende Zahlen bekannt:

Jahr	Umsatz in Mill. Mark	Stammkapital in Mill. Mark	Beschäftigte	Wert der Eigenproduktion Mill. Mark
1924	168	5	3598	26
1925	226	10	4327	35
1926	294	10	4698	46
1927	373	15	7038	63
1928	444	15	7372	105
1929	501	25	7446	124
1930	495	25	7165	138
1931	428	25	8305	145
1932	340	25	7635	129

Die genossenschaftlichen Kredite, deren Höhe in besonders eindeutiger Weise zugleich ein Ausdruck der genossenschaftlichen Leistung ist, haben sich in Deutschland nach dem Jahresbericht der Zentralgenossenschaftskasse 1939 in folgender Weise entwickelt:

Gesamtforderungen (in Millionen RM)	1935	1936	1937	1938
Ländliche Zentralkassen ..	154,66	128,41	108,01	141,50
Gewerbliche Zentralkassen	24,71	56,80	48,64	12,13
Verbrauchergenossenschaft	26,82	11,82	9,56	5,93
Öffentl. Anstalten	25,01	7,59	40,60	38,95
Sonstige	31,40	36,19	38,81	57,59
Rembourskredite	1,11	—	—	—
Abwicklungsforderungen ..	6,80	4,56	0,45	—
	270,52	245,37	246,07	256,10

[88]) A. a. O.

Die Gesamtheit des britischen Genossenschaftswesens bietet im Jahre 1937 folgendes Bild:

Art der Genoss.	Mitglieder	Vermögen	Umsatz (engl. Pfd.)	Beschäftigtenzahl
Verbrauchergenossenschaften	8 084 990	220 473 969	251 393 047	231 830
Einkaufsvereinigungen	159	478 381	1 365 966	1 075
Produktivgenossenschaften	33 798	6 914 815	7 425 099	20 968
Sondergenossenschaften	9 325	530 242	1 104 174	584
Engl. Großeinkaufsgesellschaft	1 023	134 682 596	119 851 542	56 790
Schottische Großeinkaufsgesellschaft	232	14 872 607	22 447 224	14 198
Irische Großeinkaufsgesellschaft	373	241 974	675 000	151
Vereinigte schottische und engl. Großeinkaufsgesellschaft	2	4 649 858	8 297 014	1 887
Versicherungsgenossensch. ..	2	27 634 212	8 415 598	8 231

Eine Statistik des gesamten deutschen Genossenschaftswesens nach den Jahresberichten der Spitzenorganisationen bietet sich in folgender Weise dar:

Landwirtschaftliche Genossenschaften

a) Zentralgeschäftsanstalten	Zahl 1. 1. 38	Mitgl. Z. 1. 1. 37	Umsatz 1936 in 1000 RM	
			Geld	Waren
1. Zentralkassen	22	22 102	17 806 105	—
2. Hauptgenossenschaften	24	22 562	—	1 033 606
3. Molkereiabsatzzentralen	22	2 089		244 383
4. Eierverwertungszentralen	12	682		69 797
5. Viehverwertungszentralen	18	1 196		434 739
6. Winzerzentralen ..	4	497		—
7. Treuhandgesellschaften	24	—		—
8. Sonstige Zentralen	5			
Zus.:	134	49 128	17 806 105	1 782 525
			19 588 630	

[83]) Rundschau, 36. Jahrg. Nr. 6, 1939.

b) Ortsgenossenschaften	Zahl 1. 1. 38	Mitgl.Z. 1. 1. 37	Umsatz 1936 in 1000 RM Geld	Waren
1. Kreditgenossenschaften (Spar- und Darlehnskassen) ..	17 890	1 997 382	16 721 118	408 458
2. Molkereigenossenschaften	8 844	866 252		1 592 609
3. Bezugs- u. Absatzgenossenschaften ..	3 251	435 342		739 214
4. Viehverwertungsgenossenschaften ..	623	142 383		246 138
5. Obst- und Gemüseverwertungsgenossenschaften ..	285	29 617		102 594
6. Eierverwertungsgenossenschaften ..	325	225 855		81 188
7. Winzergenossenschaften	497	25 224		22 212
8. Kartoffeltrocknungsgen.	79	9 125		18 121
9. Brennereigenossensch.	330	8 950		12 571
10. Sonstige	622	93 724		81 581
2 — 10 Warengenoss.	14 856	1 836 472		2 896 282
11. Elektrizitätsgenoss.	4 802	411 847		31 188
12. Dreschgenossensch.	840	33 066		2 538
13. Weidegenossensch.	354	10 834		1 123
14. Zuchtgenossensch.	471	24 986		1 011
15. Wasserleitungsgenossenschaft	343	14 158		453
16. Sonstige Betriebsgenossenschaften ..	797	41 757		7 426
11 — 16 Betriebsgenoss. zus.	7 607	536 648		43 739

Landwirtschaftliche Genossenschaften insgesamt:

	Zahl 1. 1. 38	Mitgl.Z. 1. 1. 37	Umsatz 1936 in 1000 RM Geld	Waren
a) Zentralgenossensch.	134	49 128	17 806 105	1 782 525
b) Kreditgenossensch.	17 890	1 997 382	16 721 118	408 458
c) Warengenossensch.	14 856	1 836 472	—	2 896 228
d) Betriebsgenossensch.	7 607	536 648	—	43 739
Insges.	40 487	4 419 630	34 527 223	5 130 950
			39 658 173	

Gewerbliche Genossenschaften

	Zahl 1. 1. 38	Mitgl.Z. 1. 1. 37	Umsatz 1936 in 1000 RM Geld	Waren
a) Einkaufgenossen. d. Handwerks	845	98 800	—	344 100
b) Werkgenossensch.	158	70 000	—	57 000
c) Magazin- u. Absatzgenoss.	157	26 300	—	77 000
d) Sonstige Genossch. einschl. Produktivgen.	463	100 000	—	129 001
e) Kleinindustrie und Großhandelsgenossenschaften	137	?	—	?
a—e zus.	1860	295 100	—	607 100
f) Bauhandwerks- und Bauproduktivgen.	120	3 797	—	?
g) Zentraleinkaufsgen.	27	1 500	—	279 400
h) Händlergenossensch.	861	108 300	—	1 874 700
g—h zus.	888	109 800	—	1 464 100
i) Kreditgen. (Städt.)	1 410	1 202 578	37 012 000	—
k) Zentralkreditgenoss. (Zentralkassen)	15	1 650	12 122 476	—
i—k zus.	1 425	1 204 228	49 134 476	—
Hinzu kommen: (ohne Umsatzangabe)				
Aktiengesellsch.(Banken)	12			
GmbH.	4			
Baugenossenschaften	4			
Bausparkassen	17			
Handels-, Handwerks- u. Gewerbekammern und Kooperationen	48			
Sonstige	13			
Gewerbliche u. Händlergen. u. Gesellsch. insgesamt	4 291	1 612 925	49 134 476	2 071 200
			51 205 676	

Genossenschaften des Hauptverbandes der Wohnungsunternehmungen

	1. 1. 1936	1. 1. 1936	(Bilanzsumme)
			1935
Baugenoss. u. Gesellsch.	3 245	649 542	(6 608 280)

Verbrauchergenossenschaften

	(Reichsbund) 1. 1. 1938	Mitgl. 1. 1. 1938		
a) Verbrauchergen. zus.	1 085	2 010 911		532 069 (Bankgeldumsatz)
b) Deutsche Großeinkaufsges. (mit angeschloss. Gesellsch.)	26	1 000	1 884 100	430 238
a—b insgesamt:	1 111	2 011 911	1 884 100	962 307
			2 846 407	

Gliederung nach Genossenschaften

	1. 1. 1937 bzw. 1938		Umsatz 1936	
Landwirtschaftliche	134	49 128	17 806 105	1 782 525
Städt. Kreditgenoss.	15	1 650	12 122 476	—
zus.	149	50 778	29 928 581	1 782 525
Kreditgenossensch.				
Ländliche	17 890	1 997 382	16 721 118	408 485
Städtische	1 410	1 202 578	37 012 000	— (?)
zus.	19 300	3 199 960	53 733 118	408 485
Rohstoff-, Magazin-, gewerbl. Absatz-, Verwertungsgenossensch.	5 390	876 496	—	1 222 038
Landwirtschaftl.	157	26 300	—	77 000
zus.	5 547	902 796	—	1 299 038
Werks- und Betriebsgenossenschaften				
Gewerbliche	158	70 000		57 000
Landwirtschaftl.	7 607	536 648		43 739
	7 765	606 648		100 739
Produktionsgenossenschaften				
Gewerbliche	600	100 000	—	129 000
Landwirtschaftl.	8 844	866 252	—	1 592 609
zus.	9 444	966 252	—	1 721 609

Sonstige	1. 1. 1937 bzw. 1938		Umsatz 1936	
Gewerbl (AG., GmbH. usw.)	48	—	—	—
Ländliche	622	93 724	—	81 581
zus.	670	93 724	—	81 581
Einkaufsgen.				
Handwerk	845	98 800	—	344 100
Handel (Zentralen)	27	1 800	—	279 400
Handel	861	108 300	—	1 184 700
zus.	1 733	208 600	—	1 808 200
Bauhandwerks- und Bauproduktivgen.	120	3 797		
Baugenoss. u. Baugesellschaften	3 245	649 542		
zus.	3 367	653 339		
			1937	1937
Verbrauchergenossenschaften, Großeinkaufsgesellsch.	1 111	2 011 911	1 884 100	962 307
zus.	49 134	8 694 008	8 545 799	8 164 457

Gesamtumsatz aller Genossenschaften: 93,7 Milliarden RM.

Ein Bild von dem Verhältnis eines wesentlichen und charakteristischen Teils der genossenschaftlichen Wirtschaft zur Gesamtwirtschaft bietet ein Vergleich der Umsatzziffern der britischen Konsumgenossenschaften mit den entsprechenden Umsatzzahlen der übrigen Bedarfsgüterletztverteilung Großbritanniens im Jahre 1937:

	Umsatz der genossensch. Verteilungsst. in Mill.	Gesamtumsatz der Letztverteiler in Mill.	Prozentsatz %
Lebensmittel u. Kolonialwaren	153	1084	14,1
Textilwaren, Frauen- u. Männerkleidung	21,5	324	6,6
Schuhwaren	5	55	9,1
Möbel- u. Haushaltwaren	5,5	155	3,5
Kohlen	9	65	13,8

[84]) Rundschau, 36. Jahrg., Nr. 6, 1939.

Einen zahlenmäßigen Ausdruck der geistigen Lebendigkeit der Genossenschaften kann man dem „Internationalen Handbuch der Genossenschaftspresse", London, 1937, entnehmen, das von einer Gesamtauflage der Genossenschaftspresse in Höhe von 9 469 402 Exemplaren berichtet[85]).

Wie aus diesen Zahlen hervorgeht, ist der Umfang nicht unbeträchtlich, in dem sich das Genossenschaftswesen entwickelt. Die Zahl der Mitglieder, die sich in einem Jahrhundert zusammengefunden haben, die Menge der Bedarfsgüter, die durch die genossenschaftlichen Betriebe geleitet werden, und die Geldmittel, die in den Genossenschaften festgelegt sind oder durch sie vermittelt werden, dies alles zeigt, wie eine richtige Idee die Kraft hat, Wirklichkeit zu werden. Die Bedingungen, die ihr dabei gestellt sind, haben wir klargemacht, und die Grenzen, die die Wirklichkeit ihr steckt, sind deutlich geworden. Die Logik des sozialen Daseins straft jeden Versuch, diese Bedingungen und Grenzen zu mißachten mit dem unweigerlichen Untergang, und sie entwertet die übersteigerte und überbeanspruchte Idee der Genossenschaft zur bloßen Ideologie.

Das gleiche geschieht, wenn die soziologische Theorie die Genossenschaft überbewertet, indem sie ihr zumutet, die gesamte gesellschaftliche Wirtschaft zum Besseren hin umzugestalten und in ihr die Herrschaft des Erwerbsstrebens und die Klassenspaltung zu beseitigen. Die beiden entscheidenden Probleme der kapitalistischen Wirtschaft entziehen sich ihrer gestaltenden Macht: die Frage der gerechten Lohngestaltung im ganzen und der Beseitigung der monopolistischen Wirtschaftsdiktatur. Sie zu lösen ist ein politisches Problem. In dem Maß, in dem der Kapitalismus abgelöst wird, können genossenschaftliche Formen in den strukturell und materiell festliegenden Grenzen ins Große wachsen, aber eine „Stufenordnung der Wirtschaftsgenossenschaft von der Betriebsgenossenschaft über die Sach-, Fach- und Stamm-Wirtschafts-Genossenschaft zur Volks-Wirtschafts-Genossenschaft, von da zur Lebens-Raum- und endlich zur Welt-Wirtschafts-Genossenschaft", wie sie als Ideal entwickelt wird, bleibt eine Utopie[86]).

Als ein aus der Idee des Zusammenwirkens freier Persönlichkeiten entspringendes Werk ist die Genossenschaft ein Paradigma für die Macht des Geistes und des Willens auch innerhalb der „materiellen" und von politischen Mächten um-

85) Rundschau, 36. Jahrg., 1939, Nr. 7.

86) J. J. Kindt-Kiefer, „Europas Wiedergeburt durch genossenschaftlichen Aufbau", Bern 1944, S. 143.

kämpften wirtschaftlichen Wirklichkeit. Sie selbst ist in ihren materiellen Möglichkeiten begrenzt. Sie widerstrebt dem „Finanzkapital" und sie macht sich von ihm unabhängig, aber sie kann es nicht bekämpfen. Sie gestaltet eine sozialistische Wirtschaft in ihrem Rahmen, aber sie kann nicht zur kämpferischen Organisation werden. Die Genossenschaft ist gegenüber der Wirtschaft und der Gesellschaft außerhalb ihres Geltungsbereichs, wie auch in ihrem eigenen Kreis, soweit es sich nicht um ihre genossenschaftlichen Fragen handelt, notwendigerweise „neutral". Da ihre Wirkungen aber zwangsläufig über ihren Kreis hinausreichen, wird sie von außen umstritten. Alle die erwerbsgerichteten Kreise, die ihre Gewinnmöglichkeiten durch den Leistungsnachweis und das Vorbild der Genossenschaften beeinträchtigt glauben, wenden sich gegen die Genossenschaften. Dagegen werden die Genossenschaften von jenen großbetrieblichen oder sonstigen Formen der Wirtschaft, auf deren Schicksal sie nicht einwirken, geduldet und zuweilen, etwa als Konsumgenossenschaften als gute Kunden sogar gefördert. Unter dem Gesichtspunkt des Klassenkampfes zwischen Unternehmer und Arbeiter kann der „konservative" Charakter der Genossenschaften und ihr Bestreben, die Kaufkraft der Löhne möglichst hochzuhalten, auch unmittelbar im Interesse der Unternehmer wirken und ihre Bestrebungen in Gegensatz zu den Tendenzen bringen, die eine Milderung der Gegensätze nicht wünschen.

Der politische Sozialismus steht daher den Konsumgenossenschaften der Arbeiter anfänglich sehr kritisch, wenn nicht negativ gegenüber. Auch Lenin läßt die Genossenschaften zunächst nur als „Werkzeug des Klassenkampfes" gelten[87]). Sobald die sozialistische Revolution in Rußland vollendet ist, erscheinen für Lenin die Genossenschaften aber in einem positiven und ganz umfassenden Sinn: sie werden zum „Prinzip der Organisation der Bevölkerung". Nun ist auch der Augenblick gekommen, um sie vom Staat aus, der ein sozialistischer geworden ist, in dem Sinn zu fördern, den Lassalle noch vergebens von Bismarck erwartete. Lenin erklärt: „Man muß der Genossenschaft aus Staatsmitteln Darlehen gewähren, die, wenn auch nur um weniges, aber immerhin größer sind als die Darlehen, die den privaten Unternehmungen, und sei es bis hinauf zur Schwerindustrie usw. eingeräumt werden. Jede Gesellschaftsordnung entsteht nur bei finan-

[87]) Vgl. Lenins Bericht über die Behandlung der Genossenschaftsfrage auf dem Internationalen Sozialistenkongreß 1910, in der Sammlung seiner Reden, Abhandlungen usw. über das Genossenschaftswesen, S. 71.

zieller Unterstützung einer bestimmten Klasse. Es ist nicht erst nötig, an die vielen Hunderte von Millionen Rubel zu erinnern, die die Geburt des »freien« Kapitalismus kostete. Jetzt müssen wir einsehen und in die Tat umsetzen, daß gegenwärtig diejenige Gesellschaftsordnung, die wir mehr als gewöhnlich fördern müssen, eben das Genossenschaftssystem ist. Doch muß das eine Förderung im wahren Sinne dieses Wortes sein, d. h. es genügt nicht, unter einer solchen Förderung die Unterstützung irgendeiner wie immer gearteten genossenschaftlichen Tätigkeit zu verstehen, man muß vielmehr darunter die Förderung einer solchen Genossenschaftstätigkeit verstehen, an der die wirklichen Massen der Bevölkerung tatsächlich teilnehmen"[88]).

Die Organisation und die Finanzhilfe allein vermag aber nach Lenin nicht, diese genossenschaftliche Aufgabe zu lösen. Es ist als Vorbedingung hierzu erforderlich, die Bevölkerung „auf eine solche Stufe der »Zivilisation« zu bringen, daß sie den ganzen Vorteil bei einer allumfassenden Beteiligung im Genossenschaftswesen einsieht und diese Beteiligung regelt". Dazu ist eine ganze „Epoche kultureller Entwicklung der Bevölkerungsmassen notwendig", also „ohne eine durchgreifende Elementarbildung der Bevölkerungsmassen, ohne daß wir die Bevölkerung in genügendem Maße daran gewöhnen, ein Buch zur Hand zu nehmen . . .", neben den Garantien für das notwendige leibliche Wohl, ist das Ziel auch der sozialistischen Gesellschaftsordnung nicht zu erreichen[88a]). Hier kommt jener wesentliche Zug der Genossenschaft zu seinem Recht, der darin besteht, daß nur aus Einsicht und Verständnis echte Genossenschafter gewonnen werden können. Es erfüllt sich gleichzeitig auch die Forderung Owens nach allgemeiner Bildung. Die Genossenschaft erscheint am Ende wieder eng verbunden mit der sozialistischen Politik, und sie erhält ihren festen Platz auch in einer von der Gesamtheit bestimmten Gesellschafts- und Wirtschaftsverfassung. Denn Lenin erklärt: „Eine Gesellschaftsordnung zivilisierter Genossenschaften bei Vergesellschaftung der Produktionsmittel bei dem Klassensieg des Proletariats über die Bourgeoisie, das ist die sozialistische Gesellschaftsordnung"[89]).

In der liberalen Wirtschaftsordnung und im Rahmen der vorwiegend von den Einzelinteressen bestimmten Wirtschaftsverfassung ist die Genossenschaft die Form, durch die sich die

---

88) Lenin, a. a. O., S. 145; Sperrung von Lenin.

88a) Lenin, a. a. O., S. 146.

89) Lenin, a. a. O., S. 147; vgl. S. 83 f.

Masse der Einzelhaushalte und kleinen Einzelbetriebe ihren Bestand und ihre Arbeitsmöglichkeit gegen die wachsende Macht des Kapitals sichert. Innerhalb einer sozialistischen Wirtschaftsordnung bei einer wesentlich vom Gesamtinteresse ausgehenden Wirtschaftsverfassung organisiert die Genossenschaft die moderne, zu eigenem Bewußtsein erwachsene und zu selbständiger Existenz emporstrebende Bevölkerung wirtschaftlich von „unten" her. In beiden einander entgegengesetzten wirtschaftspolitischen Verfassungen bleibt die Genossenschaft, sofern sie nicht durch kapitalistische Einflüsse oder politische Macht in ihrem Wesen gestört wird, als soziale Gestalt die wirtschaftlich-organisatorische Zusammenfassung der „atomisierten" Kräfte, die die konservativen Soziologen forderten, und sie leistet als solche ihren Beitrag zur Stabilisierung der liberalistischen wie zum Aufbau der sozialistischen Gesellschaft in dem Umfang, in dem beide ihr Raum geben für ihre Form der wirtschaftlichen Demokratie.

IV. Schrifttum

1. Quellen.

Robert Owen, Eine neue Auffassung von der Gesellschaft, nach der 3. Aufl. London, 1817, deutsch von Oswald Collmann, Leipzig 1900.

Ferdinand Lasalle, Gesammelte Reden und Schriften, herausg von Eduard Bernstein, Bd. V, Berlin 1919.

Holyoakes Geschichte der Rochdaler Pioniere, deutsch von Häntschke, bearbeitet von Robert Schlösser, Köln 1928.

Victor Aimé Huber, Ausgewählte Schriften, herausg. von Dr. Karl Munding, Berlin o. J.

Hermann Schulze-Delitzsch, Schriften und Reden, herausg. v. F. Thorwart, 5 Bde., Berlin 1910.

Friedrich Willhelm Raiffeisen, Die Darlehenskassenvereine, 6. Aufl. 1923.

2. Darstellungen.

a) Gründer der Genossenschaft

Owen: Helene Simon, Robert Owen, sein Leben und seine Bedeutung für die Gegenwart, Jena 1925, 2. Aufl. — Richard Robert Wagner, Robert Owen, Zürich 1942 (Roman).

Lassalle: Johanna Rhode, Der Streit zwischen Lassalle und Schulze-Delitzsch, Bückeburg, 1934; Diss. Frankfurt.

„Pioniere von Rochdale": Holyoakes Geschichte der Rochdaler Pioniere. Übers. v. Häntschke, neu herausg. von Robert Schlösser, Köln 1928.

Huber: Ingwer Paulsen, Victor Aimé Huber als Sozialpolitiker, Leipzig 1931.
Schulze-Delitzsch: Friedrich Thorwart, Hermann Schulze-Delitzsch, Berlin 1913.
Raiffeisen: E. L. Seelmann-Eggebert, Raiffeisen, Stuttgart 1928.
Ferner: Karl Bittel, Eduard Pfeiffer und die deutsche Konsumgenossenschaftsbewegung, München und Leipzig 1915; in: Schriften des Vereins für Sozialpolitik, Bd. 151, 1.
Otto Ruhmer, Entstehungsgeschichte des deutschen Genossenschaftswesens, Hamburg-Blankenese 1937.
Robert Schlösser. Die ersten deutschen Haushalt(Konsum)-genossenschaften, Hamburg-Blankenese 1939.

b) Die soziologische Idee der Genossenschaft

Dr. H. Domack, Der Genossenschaftssozialismus, Leipzig 1914.
James Peter Warbasse, Präsident der genossenschaftlichen Liga der Vereinigten Staaten von Amerika, Mitglied des Zentralkomitees des Internationalen Genossenschaftsbundes, Genossenschaftliche Demokratie. Erzielt durch freiwillige Vereinigung der Menschen als Verbraucher. Eine Erörterung der Genossenschaftsbewegung, ihrer Philosophie, Methoden, Leistungen und Möglichkeiten und ihrer Beziehungen zu Staat, Wissenschaft, Kunst und Handel und anderen Systemen wirtschaftlicher Organisation, deutsch von A. Kasch, Hamburg 1926.
Charles Gide, Professor am Collège de France, Honorarprofessor an der Pariser Rechtsfakultät, Der Kooperatismus, nach der 5. Aufl., deutsch von Kurt Bretschneider, eingeleitet von Prof. Dr. Ernst Grünfeld, Halberstadt 1929 in: Soziale Organisationen der Gegenwart, herausg. von E. Grünfeld, Bd. 7.
Lenin, Über das Genossenschaftswesen, Artikel und Reden. Mit einem Einleitungsartikel und redigiert von N. L. Meschtscherjakow nach der IV. russischen Auflage, Pokrowsk, 1930.
Alfred Vierkandt, Die genossenschaftliche Gesellschafsform der Naturvölker, in: Handwörterbuch der Soziologie, Stuttgart. 1931.
Dr. G. Fauquet, ehemaliger Leiter der Abteilung für Genossenschaftswesen beim Internationalen Arbeitsamt in Genf, Der genossenschaftliche Sektor, mit Vorwort von Professor Dr. Louis de Brouckère, deutsch von Dr. Hermann Venedey, Basel 1937; in: Genossenschaftliche Volksbibliothek, Heft Nr. 38.
Werner Ziegenfuß, Die genossenschaftliche Wirtschaftsform, Stuttgart-Berlin 1939 und:
Der Mensch und die Gestaltung der Wirtschaft, Stuttgart-Berlin 1943.
Zusammenfassung der wegweisenden Grundsätze des genossenschaftlichen Seminars (Stiftung von Bernhard Jaeggi). Freidorf-Basel, 1943.

Insbesondere wird so der gültige Erkenntnisgehalt auch der großen systematischen Leitgedanken der Soziologie im Einklang mit dem Wirklichkeitserlebnis und dem gesellschaftlich-geschichtlichen Standort der Forscher und mit der Sachgesetzlichkeit der besonderen kulturellen gesellschaftlichen Arbeitsgebiete gezeigt. Oft standen bisher in der Soziologie die einzelnen Auffassungsweisen und Methoden nach den persönlichen Denkweisen und Standorten ihrer Vertreter, wie nach ihren Ursprüngen in der Geschichte des Geisteslebens und ihrer Bindung an besondere Sachgebiete einander beziehungslos gegenüber. Durch den Aufweis einer sinnvollen und notwendigen inneren Verbindung dieser Momente in Leben, Denken und Werk der repräsentativen geistigen Gestalter sollen die besonderen Richtungen des Gesellschaftsdenkens in ihrem Ursprung und in ihrer Begründung in bestimmten wesentlichen Erscheinungen der Gesellschaft gezeigt werden. Durch eine solche Einschränkung ihrer Geltung auf typische Zusammenhänge werden die einzelnen Tendenzen der Soziologie in eine umfassende Einheit der Soziologie an einem festen Ort einbezogen und allgemein theoretisch fruchtbar gemacht. Auf die gleiche Weise werden die mannigfachen realen Bestrebungen der modernen Gesellschaft über ihre oft unfruchtbaren Gegensätzlichkeiten hinausgehoben und im Sinn ihrer lebensmäßigen und gedanklichen Beziehung auf eigentümliche gesellschaftliche Sachverhalte und Probleme zu einem zwar spannungsreichen, aber einheitlichen Ganzen der Probleme der Kulturgesellschaft gedanklich von der Sache her zusammengeordnet. Endlich erschließt sich auf diesem Weg ein Zugang zu den gegenständlichen Forschungsgebieten der Gesellschaftswissenschaft. Die Soziologie der verschiedenen Kulturgebiete, die politische Soziologie, Wirtschaftssoziologie und gesellschaftswissenschaftliche Erforschung der inneren Verbindung des geistigen Lebens mit den Formen des Zusammenlebens und Zusammenwirkens werden von dem Wesen und Werk der Persönlichkeiten her, die für diese Lebens- und Wirkungsgebiete repräsentative Bedeutung haben, in ihrer sachlichen und methodischen Eigenart entwickelt und in ihrer Fruchtbarkeit für die Erkenntnis der modernen Gesellschaft dargestellt. Endlich soll durch eine entsprechende Auswahl der Forschungsgegenstände das Verständnis für den Geist und die Probleme der Völker vertieft werden.

Die innere Einheitlichkeit der Reihe soll auch dadurch zum Ausdruck kommen, daß alle Darstellungen in der gleichen Weise entwickelt werden, die sich bei den ersten Untersuchungen bewährt hat.

MIX

Papier | Fördert gute Waldnutzung

FSC® C083411

Kolibri 360 GmbH
Ferdinand-Jühlke-Straße 7
99095 Erfurt, Deutschland
produktsicherheit@kolibri360.de